중급**2**

익힘책

법무부 사회통합프로그램(KIIP)

한국어와 한국문화

국립국어원 기획
이미혜 외 집필

Hawoo Publishing Inc.

발간사

2020년 9월호 법무부 출입국·외국인 통계월보에 따르면 국내 체류 외국인은 약 210만 명으로 2010년보다 2배 가까이 증가하였습니다. 그런데 주목할 점은 체류 외국인이 양적으로 증가하였을 뿐만 아니라 이들의 유형이 결혼 이민자를 비롯하여 근로자, 유학생, 중도 입국 자녀 등으로 점차 다양해졌다는 것입니다. 이러한 변화는 다양한 언어와 문화적 배경을 가진 구성원과의 '공존'의 중요성을 한국 사회에 알리는 동시에 '소통'의 과제를 던져 준다고 생각합니다.

이에 국립국어원에서는 한국에 온 외국인들이 체계적으로 한국어를 배워 한국 사회의 일원으로 능동적으로 생활하고, 사회 구성원 간의 의사소통이 더욱 원활할 수 있도록 지원하고 있습니다. 그리고 이를 위한 교육 내용을 연구하고, 한국어 교재를 발간하고 있습니다. 이번에 발간되는 ≪사회통합프로그램(KIIP) 한국어와 한국문화≫는 이러한 노력의 결실 중 하나라 할 수 있습니다.

이번 교재 개발에는 한국어 교육 및 사회·문화 교육 전문가가 집필자와 검토자로 참여하여 한국어와 한국 문화의 전문적 내용을 체계적이면서도 친근하게 구성하였습니다. 특히 '사회통합프로그램'을 총괄하는 법무부의 협조로 현장 요구 조사와 시범 적용을 실시하여 교사와 학습자의 의견을 폭넓게 반영하기 위해 노력하였습니다. 그리고 한국어 능력 향상뿐만 아니라 문화 다양성을 고려하여 내용을 구성하였으며, 풍부한 보조 자료를 제공함으로써 교사와 학습자가 손쉽게 활용할 수 있도록 하였습니다.

본 교재는 기초편 교재 1권, 초급 교재 2권, 중급 교재 2권의 5권으로 구성되며, 이 구성에 따라 학습자용 익힘책과 교사용 지도서가 본 교재와 함께 출간됩니다. 이와 함께 학습자용 유형별 보조 자료와 수업용 보조 자료를 별도로 제작하여 현장에서 손쉽게 사용할 수 있도록 제공하였습니다.

아무쪼록 이 교재가 사회통합프로그램에 참여하는 학습자들에게 한국어를 체계적이고 충실하게 익힐 수 있는 유용한 길잡이로 널리 활용되기를 바랍니다. 그래서 이 교재를 사용하는 이민자들이 한국 사회의 주체적인 구성원으로서 안정적인 생활을 영위하는 데 도움이 되기를 희망합니다.

끝으로 이 교재의 개발을 위해 최선의 노력을 기울여 주신 교재 개발진과 출판사 관계자 분들께 깊은 감사의 말씀을 드립니다.

2020년 12월

국립국어원장 소강춘

국내 체류 외국인의 수가 100만 명을 넘은 2007년을 기점으로 한국 사회는 다문화 사회의 도래를 대비하기 위해 제도적 준비를 해 왔습니다. 그중 이민 초기 정착 단계의 필수적인 지원 사항인 한국어 학습은 여러 부처에서 다양한 프로그램으로 운영되었는데, 2020년부터 법무부가 주관하는 사회통합프로그램으로 표준화되었습니다. 사회통합프로그램은 국내 체류 이민자를 대상으로 하는 '한국어와 한국문화', '한국사회이해' 교육 프로그램으로, 결혼 이민자와 근로자, 유학생 등 전문 인력, 중도 입국 자녀 등이 참여합니다. 2009년에 처음 시행된 이후 점점 성장하여, 현재 약 350개의 운영 기관에서 약 6만 명의 이민자들이 교육에 참여하고 있습니다.

이민자 대상의 한국어 교육에서 사회통합프로그램의 중요성이 커지면서 교육의 체계화와 효율화, 변화하는 사회 양상의 반영 등을 위해 교재 개발 연구가 진행되었고, 그 결과물이 ≪사회통합프로그램(KIIP) 한국어와 한국문화≫ 교재입니다. 이 교재의 특징은 다음과 같습니다.

첫째, 교재와 익힘책, 교사용 지도서, 기타 보조 자료로 구성되어 있습니다. 교실 수업에서 사용할 교재 이외에 교수·학습 효율성을 높이기 위해 학습 자료 일체를 개발하였습니다.

둘째, 교재는 사회통합프로그램 단계별 100시간 수업에 맞춰 구성했는데 이민자들이 한국 사회에 정착하는 과정에서 필요한 한국어와 한국문화 내용을 선정하여 살아있는 언어문화 교육이 되도록 했습니다. 특히 변화하는 한국 사회의 모습과 특징을 교재 전체에 다양한 소재로 사용했을 뿐만 아니라, 다양한 문화 주제를 통해 이민자들이 한국 사회를 이해하고 적응하는 데 도움을 주고자 했습니다. 그리고 결혼 이민자, 근로자, 유학생 등 전문 인력, 중도 입국 자녀들을 등장인물로 하여 한국 사람들과 함께 생각과 정보를 나누고, 공감하며 생활하는 모습을 담았습니다.

셋째, 익힘책은 이민자들이 자신의 학습 속도와 능력에 맞게 학습 내용을 복습하고 보완할 수 있도록 구성하였습니다. 교사들도 교실 상황에 맞춰서 융통성 있게 활용할 수 있을 것입니다.

넷째, 교사용 지도서와 기타 보조 자료는 교사들이 수업의 핵심 내용을 명료하게 파악하고 운용하도록 안내해 줄 것입니다. 또한 교사들의 필수적인 수업 준비 시간을 단축해 주는 대신에 교실 상황에 맞는 수업 설계에 시간을 투자할 수 있도록 도와줄 것입니다.

이민자용 한국어 교재는 단지 의사소통 능력을 길러 주는 역할만이 아니라 우리 사회의 진정한 '사회통합'을 이끄는 교재여야 합니다. 이 교재를 통해 이민자들의 사회통합프로그램 참여를 확대하고 교수·학습의 효율성을 높이기를 기대합니다. 또한 이민자의 사회 적응을 돕고 진정한 사회통합으로 나아가는 데 일조하기를 기대해 봅니다.

마지막으로 우리 사회 이민자 대상 한국어 교육을 위해 의미 있는 교재 개발 사업을 기획하고 지원해 주신 국립국어원 관계자 여러분께 감사드리며, 법무부 이민통합과 관계자분들께도 감사드립니다. 그리고 다양하고 새로운 시도를 통해 멋진 교재로 완성해 주신 하우 출판사 관계자분들께도 진심으로 감사드립니다. 원고를 고치고 다듬느라 오랫동안 소중한 일상을 돌보지 못한 연구진들께도 머리 숙여 감사의 마음을 전합니다.

2020년 12월
저자 대표 이미혜

일러두기

어휘

단원의 어휘 학습을 확인하고, 문장이나 대화 속에서 어휘 사용 능력을 기르도록 다양한 연습을 제시하였다.

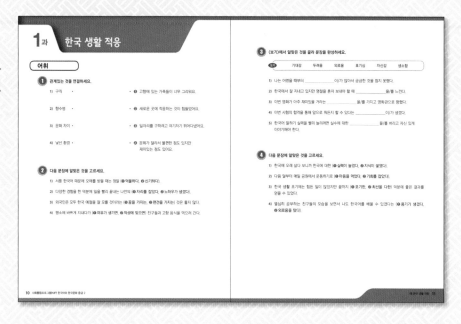

문법

단순한 형태 연습에서부터 문장, 대화 속에서 문법 사용 능력을 기르는 유의미한 연습까지 제시하였다. 교실 수업에서 문법 학습 시에 일부 활용할 것을 염두에 두고 구성하였다.

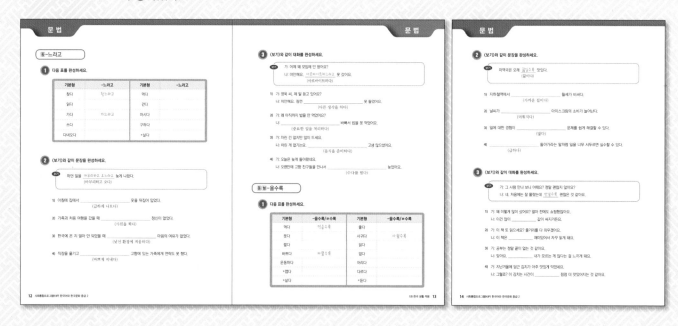

말하기와 듣기

- '말하기'는 대화문을 듣고 완성한 후에 반복해서 읽는 활동을 통해, 말하기 능력을 기르도록 하였다.

- '듣기'는 다양한 담화를 듣고 전체 내용, 세부 내용 등을 파악하는 활동으로, 교재의 듣기 활동과 유사한 유형으로 제시하였다.

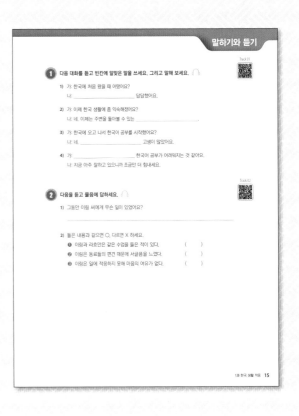

읽기와 쓰기

- '읽기'는 단원 주제와 관련된 다양한 자료를 읽고 이해하는 활동으로, 교재의 읽기 활동과 유사한 유형으로 제시하였다.

- '쓰기'는 통제된 쓰기, 유도된 쓰기로 구성하여 교사 도움 없이도 자신의 글을 모범 글과 비교하고 검토하도록 하였다.

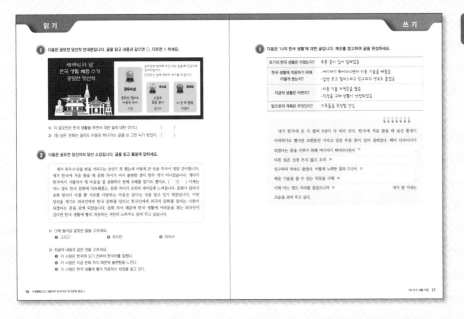

차례

교재 구성표

단원	단원명/주제	어휘	문법
1	한국 생활 적응	한국 생활 적응 관련 어휘	통-느라고 통형-을수록
2	가족의 변화	가족의 형태와 특징	통형-을 뿐만 아니라 통형-을 수밖에 없다
3	생활 속의 과학	생활 속 과학과 기술	통형-는 줄 알다 통-곤 하다
4	한국의 의례	한국의 의례	통형-더니 통형-은 나머지
5	문화유산	문화유산 관련 어휘	얼마나 통형-는지 모르다 통형-든지
6	국제화 시대	국제 사회의 모습과 특징	통형-던 통형-을 정도로
7	현대인의 질병	질병과 증상	통-되 통-었더니
8	정보화 사회	인터넷과 스마트폰으로 하는 일	통형-는다면서요? 통-을 겸 통-을 겸
복습 1(1~8과)			
9	사건과 사고	사건, 사고 관련 어휘	통-을 뻔하다 명으로 인해
10	언어생활	올바른 언어생활, 한국어 사용의 어려움	통-고 말다 통형-는 척하다
11	교육 제도	한국의 교육 제도	명조차 통형-기 마련이다
12	선거와 투표	선거 어휘	통-나 보다, 형-은가 보다 명이야말로
13	환경 보호	환경 보호 실천 어휘	통-는 한 통-도록
14	생활과 경제	경제 관련 어휘	통형-으므로 명은/는커녕
15	법과 질서	규칙과 법	통-다시피 통-는 법이다
16	이민 생활	외국인의 고충과 노력	통형-을지도 모르다 명치고
복습 2(9~16과)			

활동	발음	문화와 정보
한국 생활 적응 시기 회고하기 한국 정착 경험에 대해 쓰기	경음화	이민자 정착 프로그램
가족의 특징에 대해 말하기 좋아하는 가족의 형태에 대해 쓰기	경음화	출산 장려 정책
생활 속 최신 제품에 대해 이야기하기 기술 발전으로 인한 생활의 변화를 비교하는 글 쓰기	외래어 발음	온돌
결혼식 절차 말하기 특별한 날에 대해 쓰기	이중 모음 발음	성년의 날
문화유산 볼 수 있는 장소 추천하기 문화유산 소개하는 글 쓰기	'ㅎ' 약화	아리랑
국제화 시대의 모습에 대해 말하기 국제화 시대의 인재상 쓰기	경음화	국제기구
병에 대해 조언하기 생활 습관과 병에 대해 쓰기	'ㄴ' 첨가	한국의 국민 건강 보험 제도
인터넷과 스마트폰 사용의 문제점 말하기 인터넷과 스마트폰 중독 문제와 예방 방안 쓰기	유음화	스마트폰과 애플리케이션
자신에게 생긴 사고에 대해 말하기 자신이 경험한 사건이나 사고에 대한 글 쓰기	경음화	사고와 예방
한국어 사용의 어려움에 대해 말하기 한국어 사용의 어려움에 대해 쓰기	이중 모음 발음	말과 관련된 한국 속담
사교육에 대한 찬성과 반대 의견 말하기 교육 제도 설명하는 글 쓰기	경음화	평생 교육
선거에 대해 말하기 지도자의 자질에 대해 쓰기	비음화	한국의 선거
환경 오염으로 인한 건강 문제 이야기하기 환경 보호 실천 사례 소개하는 글 쓰기	격음화	환경 보전 운동
경제 상황에 대해 말하기 물가에 대한 기사문 쓰기	'ㄴ' 첨가	국민연금
법규를 지키는 생활 말하기 준법 생활의 필요성 쓰기	비음화	찾기 쉬운 생활 법령 정보
한국 생활 경험담 말하기 나의 꿈에 대한 글 쓰기	격음화	사회통합프로그램과 한국 국적 취득

1과 한국 생활 적응

어휘

1 관계있는 것을 연결하세요.

1) 구직 •

2) 향수병 •

3) 문화 차이 •

4) 낯선 환경 •

• ❶ 고향에 있는 가족들이 너무 그리워요.

• ❷ 새로운 곳에 적응하는 것이 힘들었어요.

• ❸ 일자리를 구하려고 여기저기 뛰어다녔어요.

• ❹ 문화가 달라서 불편한 점도 있지만
재미있는 점도 있어요.

2 다음 문장에 알맞은 것을 고르세요.

1) 서툰 한국어 때문에 오해를 받을 때는 정말 (❶ 억울하다, ❷ 신기하다).

2) 다양한 경험을 한 덕분에 일을 빨리 끝내는 나만의 (❶ 자리를 잡았다, ❷ 노하우가 생겼다).

3) 외국인은 모두 한국 예절을 잘 모를 것이라는 (❶ 꿈을 가지는, ❷ 편견을 가지는) 것은 좋지 않다.

4) 평소에 바쁘게 지내다가 (❶ 여유가 생기면, ❷ 적성에 맞으면) 친구들과 고향 음식을 먹으러 간다.

3 〈보기〉에서 알맞은 것을 골라 문장을 완성하세요.

> **보기**　　기대감　　두려움　　외로움　　호기심　　자신감　　생소함

1) 나는 어렸을 때부터 ＿＿＿＿＿＿＿＿이/가 많아서 궁금한 것을 참지 못했다.

2) 한국에서 잘 지내고 있지만 명절을 혼자 보내야 할 때 ＿＿＿＿＿＿＿을/를 느낀다.

3) 이번 영화가 아주 재미있을 거라는 ＿＿＿＿＿＿＿을/를 가지고 영화관으로 향했다.

4) 이번 시험의 합격을 통해 앞으로 뭐든지 할 수 있다는 ＿＿＿＿＿＿＿이/가 생겼다.

5) 한국어 말하기 실력을 빨리 늘리려면 실수에 대한 ＿＿＿＿＿＿＿을/를 버리고 자신 있게
   이야기해야 한다.

4 다음 문장에 알맞은 것을 고르세요.

1) 한국에 오래 살다 보니까 한국에 대한 (❶ 실력이 늘었다, ❷ 지식이 쌓였다).

2) 다음 달부터 매일 공원에서 운동하기로 (❶ 마음을 먹었다, ❷ 기회를 잡았다).

3) 한국 생활 초기에는 힘든 일이 많았지만 끝까지 (❶ 포기한, ❷ 최선을 다한) 덕분에 좋은 결과를
   얻을 수 있었다.

4) 열심히 공부하는 친구들의 모습을 보면서 나도 한국어를 배울 수 있겠다는 (❶ 용기가 생겼다,
   ❷ 외로움을 탔다).

동-느라고

1 다음 표를 완성하세요.

기본형	-느라고	기본형	-느라고
찾다	찾느라고	먹다	
읽다		걷다	
가다	가느라고	마시다	
쓰다		구하다	
다녀오다		★살다	

2 〈보기〉와 같이 문장을 완성하세요.

> **보기**
> 하던 일을 <u>마무리하고 오느라고</u> 늦게 나왔다.
> (마무리하고 오다)

1) 아침에 집에서 _____ 옷을 뒤집어 입었다.
(급하게 나오다)

2) 가족과 처음 여행을 갔을 때 _____ 정신이 없었다.
(사진을 찍다)

3) 한국에 온 지 얼마 안 되었을 때 _____ 마음의 여유가 없었다.
(낯선 환경에 적응하다)

4) 직장을 옮기고 _____ 고향에 있는 가족에게 연락도 못 했다.
(바쁘게 지내다)

3 〈보기〉와 같이 대화를 완성하세요.

> 보기
>
> 가: 어제 왜 모임에 안 왔어요?
>
> 나: 미안해요. <u>아르바이트하느라고</u> 못 갔어요.
>
>   (아르바이트하다)

1) 가: 영욱 씨, 제 말 듣고 있어요?

　　나: 미안해요. 잠깐 _____ 못 들었어요.

　　　　　　　　　　(다른 생각을 하다)

2) 가: 왜 아직까지 밥을 안 먹었어요?

　　나: _____ 바빠서 밥을 못 먹었어요.

　　　　(중요한 일을 처리하다)

3) 가: 차린 건 없지만 많이 드세요.

　　나: 차린 게 없기는요. _____ 고생 많으셨어요.

　　　　　　　　　　(음식을 준비하다)

4) 가: 오늘은 늦게 들어왔네요.

　　나: 오랜만에 고향 친구들을 만나서 _____ 늦었어요.

　　　　　　　　　　　　(수다를 떨다)

동 형 -을수록

1 다음 표를 완성하세요.

기본형	-을수록/ㄹ수록	기본형	-을수록/ㄹ수록
먹다	먹을수록	좋다	
웃다		사귀다	사귈수록
짧다		읽다	
바쁘다	바쁠수록	없다	
운동하다		어리다	
★맵다		다르다	
★살다		★듣다	

2 〈보기〉와 같이 문장을 완성하세요.

> 보기
>
> 미역국은 오래 <u>끓일수록</u> 맛있다.
> (끓이다)

1) 지하철역에서 _____ 월세가 비싸다.
(가까운 집이다)

2) 날씨가 _____ 아이스크림의 소비가 늘어난다.
(더워지다)

3) 일에 대한 경험이 _____ 문제를 쉽게 해결할 수 있다.
(많다)

4) _____ 돌아가라는 말처럼 일을 너무 서두르면 실수할 수 있다.
(급하다)

3 〈보기〉와 같이 대화를 완성하세요.

> 보기
>
> 가: 그 사람 만나 보니 어때요? 정말 괜찮지 않아요?
> 나: 네. 처음에는 잘 몰랐는데 <u>만날수록</u> 괜찮은 것 같아요.

1) 가: 왜 이렇게 많이 샀어요? 얼마 전에도 쇼핑했잖아요.

나: 이건 많이 _____ 값이 싸지거든요.

2) 가: 이 책 또 읽으세요? 줄거리를 다 외우겠어요.

나: 이 책은 _____ 재미있어서 자꾸 읽게 돼요.

3) 가: 공부는 정말 끝이 없는 것 같아요.

나: 맞아요. _____ 내가 모르는 게 많다는 걸 느끼게 돼요.

4) 가: 지난겨울에 담근 김치가 아주 맛있게 익었네요.

나: 그렇죠? 이 김치는 시간이 _____ 점점 더 맛있어지는 것 같아요.

Track 01

1 다음 대화를 듣고 빈칸에 알맞은 말을 쓰세요. 그리고 말해 보세요.

1) 가: 한국에 처음 왔을 때 어땠어요?

　　나: _____ 답답했어요.

2) 가: 이제 한국 생활에 좀 익숙해졌어요?

　　나: 네. 이제는 주변을 돌아볼 수 있는 _____.

3) 가: 한국에 오고 나서 한국어 공부를 시작했어요?

　　나: 네. _____ 고생이 많았어요.

4) 가: _____ 한국어 공부가 어려워지는 것 같아요.

　　나: 지금 아주 잘하고 있으니까 조금만 더 힘내세요.

Track 02

2 다음을 듣고 물음에 답하세요.

1) 그동안 이링 씨에게 무슨 일이 있었어요?

　　_____

2) 들은 내용과 같으면 〇, 다르면 X 하세요.

　❶ 이링과 라흐만은 같은 수업을 들은 적이 있다.　　（　　　）

　❷ 이링은 동료들의 편견 때문에 서글픔을 느꼈다.　　（　　　）

　❸ 이링은 일에 적응하지 못해 마음의 여유가 없다.　　（　　　）

1 다음은 공모전 당선작 안내문입니다. 글을 읽고 내용과 같으면 ○, 다르면 × 하세요.

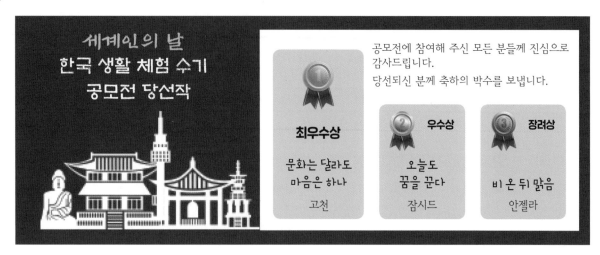

1) 이 공모전은 한국 생활을 하면서 겪은 일에 대한 것이다. (   )

2) 1등 상은 '문화는 달라도 마음은 하나'라는 글을 쓴 고천 씨가 받았다. (   )

2 다음은 공모전 당선자의 당선 소감입니다. 글을 읽고 물음에 답하세요.

제가 최우수상을 받을 거라고는 상상도 못 했는데 이렇게 큰 상을 주셔서 정말 감사합니다. 제가 한국에 처음 왔을 때 문화 차이가 커서 불편한 점이 한두 개가 아니었습니다. 게다가 한국어가 서툴러서 제 마음을 잘 표현하지 못해 오해를 받기도 했지요. (㉠   ) 이제는 어느 정도 한국 문화에 익숙해졌고, 문화 차이가 오히려 재미있게 느껴집니다. 문화가 달라서 표현 방식이 다를 뿐 서로를 사랑하는 마음은 같다는 것을 알고 있기 때문입니다. 이번 당선을 계기로 외국인에게 한국 문화를 알리고 한국인에게 외국의 문화를 알리는 사람이 되겠다는 꿈을 갖게 되었습니다. 문화 차이 때문에 한국 생활에 어려움을 겪는 외국인이 있다면 한국 생활에 빨리 적응하는 저만의 노하우도 알려 주고 싶습니다.

1) ㉠에 들어갈 알맞은 말을 고르세요.

❶ 그리고　　　　　　　　　❷ 하지만　　　　　　　　　❸ 따라서

2) 윗글의 내용과 같은 것을 고르세요.

❶ 이 사람은 한국에 오기 전부터 한국어를 잘했다.

❷ 이 사람은 지금 문화 차이 때문에 불편함을 느낀다.

❸ 이 사람은 한국 생활에 빨리 적응하는 방법을 알고 있다.

1 다음은 '나의 한국 생활'에 대한 글입니다. 메모를 참고하여 글을 완성하세요.

초기의 한국 생활은 어땠는지?	부푼 꿈이 있어 설레었음
한국 생활에 적응하기 위해 어떻게 했는지?	-여기저기 뛰어다니면서 미용 기술을 배웠음 -앞만 보고 달리느라고 친구와의 약속도 줄였음
지금의 생활은 어떤지?	-미용 기술 자격증을 땄음 -직장을 구해 생활이 안정되었음
앞으로의 계획은 무엇인지?	가족들을 초청할 것임

　　내가 한국에 온 지 벌써 6년이 다 되어 간다. 한국에 처음 왔을 때 낯선 환경이

어색하기도 했지만 오랫동안 가지고 있던 부푼 꿈이 있어 설레었다. 헤어 디자이너가

되겠다는 꿈을 이루기 위해 여기저기 뛰어다니면서 **1)**　　　　　　　　　　　.

다른 일은 신경 쓰지 않고 오직 **2)**

친구와의 약속도 줄였다. 이렇게 노력한 결과 드디어 **3)**　　　　　　　　　.

배운 기술을 쓸 수 있는 직장을 구해 **4)**　　　　　　　　　　　　　　.

이제 어느 정도 자리를 잡았으니까 **5)**　　　　　　　　　　　내가 잘 지내는

모습을 보여 주고 싶다.

2과 가족의 변화

어휘

1 관계있는 것을 연결하세요.

1) 핵가족 •

2) 대가족 •

3) 다문화 가족 •

4) 한 부모 가족 •

• ❶ 가족들의 국적이 다양해요.

• ❷ 부모님 중 한 분과 같이 살아요.

• ❸ 우리 식구는 아버지와 어머니, 나 이렇게 셋이에요.

• ❹ 저는 할아버지, 할머니, 아빠, 엄마와 함께 살아요.

2 〈보기〉에서 알맞은 것을 골라 문장을 완성하세요.

| 보기 | 독거노인 | 1인 가구 | 주말부부 | 신혼부부 | 맞벌이 부부 |

1) 가족과 떨어져 혼자 사는 _____의 수가 매년 늘어나고 있다.

2) 이 가전제품은 결혼한 지 얼마 되지 않은 _____들에게 인기가 많다.

3) 집과 직장이 멀리 떨어져 있어 남편과 나는 _____(으)로 지내고 있다.

4) 부부가 둘 다 직장에 다니는 _____은/는 전체 가구의 46%에 이른다.

3 〈보기〉에서 알맞은 것을 골라 문장을 완성하세요.

> 보기   싱글족   혼인율   가치관   이혼율   고령화

1) 노인 인구의 비율이 높은 사회를 _____ 사회라고 한다.

2) 요즘 결혼을 안 하고 혼자 사는 _____이/가 늘어나고 있다.

3) 여러 가지 이유로 헤어지는 부부가 늘어나면서 _____이/가 높아지고 있다.

4) 사회가 변하면서 가족, 결혼, 일 등에 대한 사람들의 _____도 달라지고 있다.

4 다음 문장에 알맞은 것을 고르세요.

1) 요즘 저녁 회식을 줄이고 직원들의 (❶ 유대 관계가 깊은, ❷ 개인 생활을 존중하는) 회사들이 많아졌다.

2) 나는 부모님과 함께 보내는 시간이 소중하기 때문에 결혼한 후에 (❶ 모시고, ❷ 분가해서) 살겠다고 다짐했다.

3) 일과 육아를 함께하는 사람들이 겪는 문제점을 (❶ 개선하기, ❷ 지원하기) 위해서 정부와 기업이 노력하고 있다.

4) 애완동물을 키우는 1인 가구가 (❶ 감소하면서, ❷ 증가하면서) 이와 관련한 서비스 산업도 함께 발전하고 있다.

동형 -을 뿐만 아니라

1 다음 표를 완성하세요.

기본형	-을 뿐만 아니라/ㄹ 뿐만 아니라	기본형	-을 뿐만 아니라/ㄹ 뿐만 아니라
먹다	먹을 뿐만 아니라	좋다	
앉다		없다	
예쁘다		사다	살 뿐만 아니라
편하다		말하다	
★길다		많다	
★듣다		★살다	
★만들다		★덥다	

2 〈보기〉와 같이 문장을 완성하세요.

> **보기**
>
> 우리 한국어 선생님은 <u>잘 가르칠 뿐만 아니라</u> 학생을 아끼고 사랑해요.
> (잘 가르치다)

1) 이 식당은 _____ 맛도 최고예요.
   (가격이 저렴하다)

2) 이 꽃은 _____ 색깔도 예뻐요.
   (향기가 좋다)

3) 잠시드 씨는 회사에서 _____ 일도 잘해요.
   (사람들과 잘 어울리다)

4) 사회통합프로그램을 신청하면 _____ 한국 생활에 빨리 적응할 수 있어요.
   (한국어와 한국 문화를 배울 수 있다)

3 〈보기〉와 같이 대화를 완성하세요.

> 보기 가: 부산에 가면 무엇을 할 수 있어요?
>
> 나: <u>바다를 볼 수 있을 뿐만 아니라</u> 맛있는 음식도 먹을 수 있어요.
>   (바다를 볼 수 있다)

1) 가: 이사 간 동네는 어때요?

   나: _____ 깨끗해서 좋아요.
        (공기가 좋다)

2) 가: 지난주 경주 여행은 어땠어요?

   나: 좋았어요. _____ 한옥 체험도 할 수 있었어요.
        (역사 공부를 할 수 있었다)

3) 가: 음악 듣는 것을 좋아해요?

   나: 네. 음악을 들으면 _____ 마음이 편안해져요.
        (기분이 좋아지다)

4) 가: 매일 운동을 해요?

   나: 네. 운동을 하면 _____ 스트레스도 풀리더라고요.
        (건강해지다)

동 형 -을 수밖에 없다

1 다음 표를 완성하세요.

기본형	-을 수밖에 없다/ㄹ 수밖에 없다	기본형	-을 수밖에 없다/ㄹ 수밖에 없다
먹다	먹을 수밖에 없다	쓰다	
웃다		자다	
많다		좋다	
다르다		없다	
피곤하다		바쁘다	바쁠 수밖에 없다
★듣다		★만들다	
★살다	살 수밖에 없다	★맵다	

2 〈보기〉와 같이 문장을 완성하세요.

> **보기**
> 고향으로 돌아가야 해서 회사를 <u>그만둘 수밖에 없다</u>.
> (그만두다)

1) 일하면서 공부도 하니까 _____.
   (시간이 부족하다)

2) 집에 자동차 열쇠를 두고 와서 _____.
   (다시 돌아가다)

3) 불고기가 먹고 싶었지만 다 팔려서 _____.
   (비빔밥을 시키다)

4) 지금 사용하고 있는 인터넷은 속도가 너무 느려서 더 빠른 것으로 _____.
   (신청하다)

3 〈보기〉와 같이 대화를 완성하세요.

> **보기**
> 가: 어제 늦게 퇴근했어요?
> 나: 네, 일이 많아서 다 하고 가느라 <u>늦게 퇴근할 수밖에 없었어요</u>.

1) 가: 어제 계속 집에 있었어요?
   나: 네, 아이가 아파서 _____.

2) 가: 주말에도 일을 했어요?
   나: 네, 지금 회사에 일이 많아서 _____.

3) 가: 걸어서 10분이면 갈 수 있는 곳인데 택시를 타고 갔어요?
   나: 저도 걸어가고 싶었지만 짐이 많아서 _____.

4) 가: 우산이 집에 많은데 왜 또 샀어요?
   나: 집에 오는 도중에 갑자기 비가 와서 _____.

Track 03

1 다음 대화를 듣고 빈칸에 알맞은 말을 쓰세요. 그리고 말해 보세요. 🎧

1) 가: 결혼을 하고 아이가 생기면 _____ 가장 큰 것 같아요.

나: 맞아요. 저도 그랬어요.

2) 가: 결혼에 대한 고민은 _____ 주변의 모든 사람들도 하는 것 같아요.

나: 그럼요. 저도 항상 하는걸요.

3) 가: 오늘 뉴스에 한국이 _____ 사회로 가장 빠르게 가고 있다고 해요.

나: 출산율이 낮다 보니 어쩔 수 없는 것 같아요.

4) 가: 결혼에 대한 가치관이 바뀌면서 사회적으로 많은 변화가 _____.

나: 그렇지 않아도 요즘 많이 느끼고 있어요.

Track 04

2 다음을 듣고 물음에 답하세요. 🎧

1) 고천 씨는 그동안 왜 바빴습니까?

_____

2) 들은 내용과 같으면 ○, 다르면 X 하세요.

❶ 남자는 부모님과 함께 사는 것이 편하다고 생각한다. (   )

❷ 고천은 아들에게 가족의 유대감을 느끼게 하고 싶어 한다. (   )

❸ 고천은 앞으로 집안의 중요한 일을 스스로 결정할 것이다. (   )

1 다음은 한국 고령화 인구 전망에 대한 자료입니다. 다음 내용을 보고 맞으면 ○, 틀리면 X 하세요.

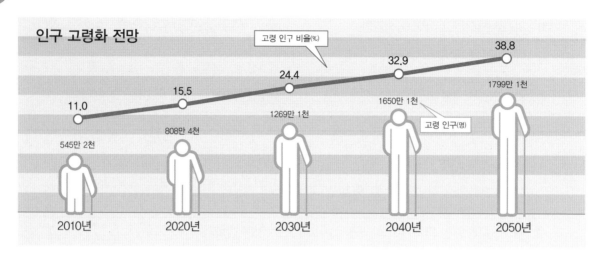

인구 고령화 전망

고령 인구 비율(%)

2010년	2020년	2030년	2040년	2050년
11.0	15.5	24.4	32.9	38.8
545만 2천	808만 4천	1269만 1천	1650만 1천	1799만 1천

고령 인구(명)

1) 한국은 앞으로 계속 노인 인구가 증가할 것이다.   (   )

2) 2050년에는 노인 인구가 전체 인구의 절반이 될 것이다.   (   )

2 다음은 '고령화'에 대한 신문 기사입니다. 글을 읽고 물음에 답하세요.

최근 저출산 현상, 평균 수명의 연장 등으로 인해 노인 인구가 점점 증가하고 한국 사회는 고령화 사회로 변화하고 있다. 고령화 사회는 전체 인구 가운데 65세 이상의 노인의 비율이 높은 사회를 말한다. 이러한 고령화 사회 현상은 노동력 부족 문제와 함께 노인 복지비의 증가 등 여러 사회 문제를 가져온다. 즉, 일을 할 수 있는 젊은 인구의 감소로 인해 사회적, 국가적 성장 속도는 느려질 수밖에 없다. 아울러 노인들을 위한 건강 지원으로 인해 의료비가 증가되는 등 국가적인 비용도 커진다. 그렇기 때문에 우리는 앞으로 다가올 고령화 사회의 문제점을 인식하고 고령화 사회에 대비하여 적절한 대책을 마련해야 할 것이다.

1) 윗글에 나오지 <u>않은</u> 것을 고르세요.

❶ 고령화 사회의 개념   ❷ 고령화 사회의 원인   ❸ 고령화 사회의 장점

2) 윗글의 내용과 같은 것을 고르세요.

❶ 저출산 문제로 인해 의료비가 증가하고 있다.

❷ 고령화 사회는 국가의 빠른 성장을 가져온다.

❸ 고령화 사회가 진행될수록 일할 사람이 줄어든다.

1 다음은 '대가족'에 대한 글입니다. 메모를 참고하여 글을 완성하세요.

대가족의 개념	결혼한 부부가 부모를 모시고 자녀와 함께 사는 가족 형태
대가족의 장점	-여러 세대가 함께 살고 있어 세대 간에 정을 느낄 수 있음 -많은 사람이 한집에 같이 살기 때문에 간접적으로 사회생활을 경험할 수 있음
대가족의 단점	한 사람 한 사람의 개성이 무시될 수 있음

대가족은 1)   .

대가족은 전통적인 한국 가족 형태로 여러 세대가 함께 같은 집에서 생활하기 때문에 여러 가지 좋은 점이 있다. 첫째, 여러 세대가 함께 살고 있기 때문에 조부모 세대와 자녀 세대가 친해질 기회가 많아서 2)   .

둘째, 3)   .

한편 전통적인 대가족은 한 사람 한 사람의 개성이 무시될 수 있다는 단점이 있다. 하지만 이러한 장점 때문에 전통적인 가족 형태인 대가족 형태가 다시 주목받고 있다.

3과 생활 속의 과학

어휘

1 관계있는 것을 연결하세요.

1) 인공 지능(AI) •

2) 스리디(3D) 프린터 •

3) 모바일 앱 •

4) 자율 주행차 •

• ❶ 여러 가지 재료를 이용해 물건을 입체적으로 인쇄한다.

• ❷ 사람이 운전하지 않아도 차가 스스로 목적지까지 찾아간다.

• ❸ 사람처럼 생각하고 판단할 수 있는 능력을 가진 컴퓨터 시스템을 말한다.

• ❹ 스마트폰에서 전자책(e-book), 내비게이션 등의 서비스를 다운로드하여 이용할 수 있는 응용 소프트웨어이다.

2 〈보기〉에서 알맞은 것을 골라 문장을 완성하세요.

> **보기**　무인 편의점　길 찾기 앱　로봇 청소기　인공 지능(AI) 스피커　가상 현실(VR)

1) _____은/는 스스로 집 안을 돌아다니면서 깨끗하게 한다.

2) _____에서는 직원이 없어도 스스로 빠르게 계산할 수 있다.

3) _____은/는 날씨나 일정 등 궁금한 것을 말하면 대답해 준다.

4) _____을/를 사용하면 원하는 곳을 어디든 쉽게 찾아갈 수 있다.

3 다음 문장에 알맞은 것을 고르세요.

1) 실버 로봇을 (❶ 운전시켜, ❷ 작동시켜) 사람을 대신하여 환자를 돌보게 한다.

2) 드론은 사람이 타지 않고 무선으로 (❶ 조절하는, ❷ 조종하는) 무인 비행기이다.

3) 집 안의 모든 물건들을 인터넷으로 연결하여 (❶ 제어할, ❷ 제공할) 수 있어 편리하다.

4) 가상 현실(VR) 기기로 실제와 같이 직접 보고, 듣고, 느낄 수 있어 다양한 것을 (❶ 겪을, ❷ 체험할) 수 있다.

5) 인공 지능(AI)은 정보 검색이 가능하여 궁금한 것을 물어보면 찾아서 (❶ 응답해, ❷ 질문해) 준다.

4 〈보기〉에서 알맞은 것을 골라 문장을 완성하세요.

| 보기 | 개발하다 | 발전하다 | 나타나다 | 기대하다 | 주목받다 |

1) 몸이 불편한 노인을 도와주는 실버 로봇이 사람들에게 ＿＿＿＿＿＿＿＿고 있다.

2) 오늘날 과학은 미래를 예측할 수 없을 만큼 빠른 속도로 ＿＿＿＿＿＿＿＿고 있다.

3) 우리 회사는 에너지를 절약할 수 있는 에어컨을 ＿＿＿＿＿＿＿＿기 위해 열심히 노력한다.

4) 이번에 나오는 신제품은 이전 제품보다 성능이 우수할 것이라고 사람들이 ＿＿＿＿＿＿＿＿.

동 형 -는 줄 알다

1 다음 표를 완성하세요.

기본형	-는 줄 알았어요	기본형	-은 줄 알았어요/ -ㄴ 줄 알았어요	기본형	-은 줄 알았어요/ -ㄴ 줄 알았어요
먹다	먹는 줄 알았어요	작다	작은 줄 알았어요	바쁘다	
오다		짧다		싸다	싼 줄 알았어요
듣다		많다		크다	
재미있다		높다		★가깝다	
★만들다		얇다		★춥다	

2 〈보기〉와 같이 문장을 완성하세요.

> **보기**
> 인터넷에서 사진을 보고 방이 <u>넓은 줄 알았다</u>.
> (넓다)

1) 자리에 앉아 있어서 키가 _____.
   (작다)

2) 항상 두 사람이 같이 다녀서 _____.
   (사귀다)

3) 지난주에 본 시험이 너무 어려워서 _____.
   (떨어지다)

4) 이링 씨가 한국어를 아주 잘해서 _____.
   (한국 사람)

3 〈보기〉와 같이 문장을 완성하세요.

> 보기
> 가: 안젤라 씨가 한국어 말하기 대회에서 1등을 했다고 해요.
> 나: 그래요? 저는 안젤라 씨가 한국말을 잘 안 해서 잘 <u>못하는 줄 알았어요</u>.
> (못하다)

1) 가: 이 음식은 맵지 않네요.
   나: 네, 저도 처음 한국에 왔을 때는 한국 음식은 다 _____.
   (맵다)

2) 가: 요즘 라민 씨가 취업 준비로 바쁜 것 같아요.
   나: 라민 씨가 아직 취직 안 했어요? 저는 벌써 _____.
   (취직했다)

3) 가: 지난 주말에 케이팝(K-pop) 콘서트에 다녀왔어요.
   나: 정말요? 저는 제이슨 씨가 음악을 잘 안 들어서 케이팝(K-pop)에 관심이 _____.
   (없다)

4) 가: 잠시드 씨, 고향에 안 갔어요? 수업에 안 와서 고향에 _____.
   (돌아갔다)
   나: 아니에요. 요즘 회사가 바빠서 수업을 들을 수 없었어요.

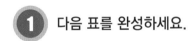

1 다음 표를 완성하세요.

기본형	-곤 하다	기본형	-곤 하다
먹다	먹곤 하다	보다	보곤 하다
웃다		듣다	
쓰다		자다	
요리하다		부르다	
마시다		만들다	

2 〈보기〉와 같이 문장을 완성하세요.

> 보기
> 시간이 있을 때마다 <u>산책하곤 해요</u>.
> (산책하다)

1) 공부를 하다가 졸리면 커피를 _____.
   (마시다)

2) 모르는 길을 찾아갈 때는 길 찾기 앱을 _____.
   (사용하다)

3) 스트레스를 받으면 친구들과 노래방에서 노래를 _____.
   (부르다)

4) 고향 생각이 날 때마다 고향 음식을 _____.
   (만들어 먹다)

3 〈보기〉와 같이 대화를 완성하세요.

> 보기
> 가: 어릴 때 친구들과 무엇을 하면서 놀았어요?
> 나: 집 근처에 바다가 있어서 친구들과 바다에서 <u>수영하곤 했어요</u>.

1) 가: 예전에 이 식당에 자주 왔어요?

   나: 네, 전에 친구들과 자주 와서 비빔밥을 _____.

2) 가: 번역기 앱이 있으니까 여행할 때 편리하지요?

   나: 맞아요. 번역기 앱이 나오기 전에는 사전으로 단어를 _____.

3) 가: 이 노래 오랜만에 듣네요.

   나: 우리가 학교 다닐 때 자주 _____ 오랜만에 들으니 좋네요.

4) 가: 요즘도 잠자기 전에 한국어를 공부해요?

   나: 아니요. 예전에는 바빠도 잠자기 전에 _____ 요즘은 바빠서 전혀 못 해요.

Track 05

1 다음 대화를 듣고 빈칸에 알맞은 말을 쓰세요. 그리고 말해 보세요. 🎧

1) 가: 길 찾기 앱이 있으니까 참 편리한 것 같아요.

　　나: 맞아요. 예전에는 지도를 가지고 다니면서 _____.

2) 가: 왜요? 가방이 마음에 안 들어요?

　　나: 인터넷에서 사진만 보고 _____. 아무래도 교환해야겠어요.

3) 가: 인공 지능(AI) 스피커 사용해 보니까 어때요?

　　나: 저는 좋더라고요. 직접 버튼을 누르지 않고 _____.

4) 가: 가상 현실(VR) 게임이 뭐예요?

　　나: 가상 현실(VR)에서 실제처럼 보고, 듣고, 느낄 수 있어서 _____.

Track 06

2 다음을 듣고 물음에 답하세요. 🎧

1) 두 사람은 어디에 갔어요?

_____

2) 들은 내용과 같으면 ○, 다르면 X 하세요.

❶ 이곳은 직원이 없어서 영업을 안 한다. 　　　　　(　　)

❷ 이곳에서는 손님이 직접 물건을 결제한다. 　　　　(　　)

❸ 이곳에서는 오래 기다리지 않고 계산할 수 있다. 　(　　)

1 다음은 신문 기사입니다. 글을 읽고 맞으면 ○, 틀리면 X 하세요.

하늘을 나는 '드론 소방차'

119 소방대는 산불을 효과적으로 끄기 위해 드론을 활용하고 있다. 드론은 소방대원이 들어가기 위험한 곳이나 야간 산불이 발생한 곳에서 불을 끈다.

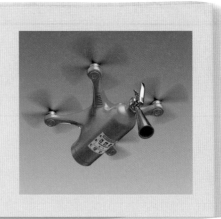

1) 드론은 소방대원이 들어가기 위험한 곳에서 활용된다. ( )
2) 드론은 밤에 산불이 나면 그곳으로 가서 불을 끌 수 있다. ( )

2 다음은 드론에 대한 글입니다. 글을 읽고 물음에 답하세요.

드론은 벌이 날면서 내는 소리와 비슷해서 붙여진 이름이다. 사람이 타지 않고 무선으로 조종하는 무인기이다. 드론이 활용되는 곳은 매우 다양하다. 일상에서는 물건이나 음식을 배달하고, 농촌에서 부족한 일손을 대신하고 있다. 그리고 사람이 갈 수 없는 곳에 산불이나 사고가 나면 드론이 가서 불을 끄거나 사람을 구하는 일도 한다. 이외에도 바다에서 사람을 구하는 구조 드론, 도시의 안전을 책임지는 순찰 드론, 자연환경을 조사하는 탐사 드론 등 여러 장소에서 다양한 일을 한다. 이렇게 드론이 많이 활용되는 이유는 드론을 이용하면 사람이 일을 할 때보다 비용을 절약할 수 있고 짧은 시간에 많은 일을 할 수 있기 때문이다. 게다가 사용 방법도 간단해서 다양한 곳에서 활용이 가능하다.

순찰: 경찰이 돌아다니면서 상황을 살펴봄.

1) 윗글의 내용과 같으면 ○, 다르면 X 하세요.
   ❶ 드론은 벌처럼 생겨서 붙여진 이름이다. ( )
   ❷ 드론은 사람 대신 여러 가지 일을 한다. ( )

2) 윗글의 내용과 <u>다른</u> 것을 고르세요.
   ❶ 드론을 사용하면 비용이 절약된다.
   ❷ 드론은 사용 방법이 조금 복잡하다.
   ❸ 드론은 짧은 시간에 많은 일을 할 수 있다.

다음은 '생활 속에서 우리에게 편리함을 주는 물건'에 대한 글입니다. 메모를 참고하여 글을 완성하세요.

물건의 이름은?	세탁기
나오기 전에는 어땠어요?	-시간이 오래 걸리고 많은 양의 물을 사용하곤 했음 -사람이 직접 빨래를 하니까 힘듦
나온 후에는 어땠어요?	-빨래를 세탁기에 돌리고 다른 일을 할 수 있어서 시간을 절약할 수 있음 -옷에 맞게 세탁 방법을 선택할 수 있어서 옷을 상하게 하지 않고 깨끗하게 빨 수 있음

세탁기는 우리의 생활에 편리함을 주는 물건 중 하나이다. 예전에 이것이 없을 때는

빨래를 하는 데 1)   . 그리고 사람이

2)   힘들었다. 하지만 세탁기가 나온

후에는 사람들의 생활이 편해졌다. 버튼만 누르면 스스로 빨래를 하기 때문에 사람들은

빨래를 하면서 3)   . 또한

4)   깨끗하게 빨 수 있어서 편리하다.

이런 편리함 때문에 사람들이 집집마다 세탁기를 사용하고 있다.

어휘

1 관계있는 것을 연결하세요.

1) 하객 •   • ❶ 조의금을 내다

2) 상주 •   • ❷ 축의금을 내다

3) 조문객 •   • ❸ 폐백을 하다

4) 신랑/신부 •   • ❹ 상을 당하다

2 〈보기〉에서 알맞은 것을 골라 문장을 완성하세요.

| 보기 | 촛불 | 축가 | 피로연 | 하객 | 행진 | 혼인 서약 |

1) 신랑과 신부는 _____에게 인사를 합니다.

2) 신랑과 신부는 주례 앞에서 함께 _____을/를 합니다.

3) 결혼식이 끝나고 가족과 하객들이 다 같이 _____을/를 합니다.

4) 신랑과 신부의 어머니들이 식장 앞으로 나가서 _____을/를 켭니다.

5) 결혼식장에서는 신랑, 신부의 결혼을 축하하기 위해 _____을/를 부릅니다.

3 〈보기〉에서 알맞은 것을 골라 문장을 완성하세요.

보기   명복   별세   빈소   상복   유족   영정

1) 조문객은 고인의 _____ 앞에 꽃을 놓거나 절을 한다.

2) 장례식에 갈 때는 _____에게 줄 조의금을 준비한다.

3) 상주는 까만색이나 하얀색 _____을/를 입고 조문을 받는다.

4) 장례식장에 도착하면 먼저 _____에 놓인 방명록에 이름을 쓴다.

5) 조문할 때는 "삼가 고인의 _____을/를 빕니다."라고 인사한다.

4 다음 문장에 알맞은 것을 고르세요.

1) 칠순 잔치에서 자녀들은 어머니의 건강과 장수를 (❶ 약속하였다, ❷ 기원하였다).

2) 회사 동료의 아버지께서 (❶ 별세하셔서, ❷ 위로하셔서) 조문을 다녀왔다.

3) 돌잔치에 오셔서 자리를 (❶ 마련해 주시면, ❷ 빛내 주시면) 감사하겠습니다.

4) 이번 달에는 아버지 회갑연과 아이 백일잔치를 (❶ 치르느라고, ❷ 맞이하느라고) 정신이 없었다.

동 형 -더니

1 다음 표를 완성하세요.

기본형	-더니	기본형	-더니
가다	가더니	많다	
기다리다		덥다	덥더니
먹다		바쁘다	
놀다		재미있다	
보다		흐리다	
일하다	일하더니	건강하다	

2 〈보기〉와 같이 문장을 완성하세요.

보기
아침에는 날이 ___흐리더니___ 오후에는 개었다.
(흐리다)

1) 친구가 _____ 성격이 많이 바뀌었다.
(결혼하다)

2) 동생이 갑자기 _____ 전화를 끊어 버렸다.
(화를 내다)

3) 예전에는 이 집 음식 맛이 _____ 요즘은 음식 맛이 별로다.
(좋다)

4) 일자리를 열심히 _____ 드디어 조건이 좋은 직장에 취직했다.
(찾다)

3 〈보기〉와 같이 문장을 완성하세요.

> **보기**
> 가: 저 이번 중간 평가에 통과했어요.
> 나: 정말 축하드려요. <u>한국어를 그렇게 열심히 공부하더니</u> 합격하셨네요.
> (한국어를 그렇게 열심히 공부하다)

1) 가: _____ 이번 주부터는 따뜻해진 것 같아요.
   (지난주는 춥다)
   나: 그러게요. 이제 봄이 정말 온 것 같아요.

2) 가: 안젤라 씨가 _____ 오늘은 기분이 좋아 보여요.
   (어제는 우울해하다)
   나: 그렇죠? 어제 친구와 다퉜는데 지금은 화해했대요.

3) 가: 고천 씨, 성민이는 요즘 한국 음식 잘 먹어요?
   나: _____ 요즘은 한국 음식은 다 좋아해요.
   (처음 한국에 왔을 때는 못 먹다)

4) 가: 이번 주말에 집들이하려고 하는데 오실래요?
   나: _____ 드디어 마음에 드는 집을 구하셨군요.
   (그동안 집을 못 구해서 걱정하다)

동형 -은 나머지

 1 다음 표를 완성하세요.

기본형	-은 나머지/ㄴ 나머지	기본형	-은 나머지/ㄴ 나머지
사다	산 나머지	좋다	
마시다		놀라다	
읽다	읽은 나머지	아프다	아픈 나머지
걱정되다		행복하다	
이야기하다		★힘들다	
★듣다		★시끄럽다	

2 〈보기〉에서 알맞은 것을 골라 문장을 완성하세요.

> 보기   귀찮다   배고프다   서두르다   집중하다   감동하다

1) 수업에 지각하지 않으려고 _____ 지갑을 집에 놓고 나왔다.

2) 갑작스러운 결혼 프로포즈에 너무 _____ 할 말을 잃었다.

3) 퇴근 시간을 앞두고 일에 _____ 누가 들어오는 줄도 몰랐다.

4) 하루 종일 밥을 못 먹어서 _____ 그 자리에서 라면을 두 그릇이나 먹었다.

3 〈보기〉와 같이 대화를 완성하세요.

> 보기   가: 어제 수업에 왜 안 나왔어요?
>   나: 주말에 운동을 너무 열심히 한 나머지 몸살이 났어요.
>   (너무 열심히 하다)

1) 가: 어디 아프세요? 목소리가 왜 그래요?

   나: 축구 경기장에 가서 _____ 목소리가 잘 안 나와요.
                      (응원하느라 소리를 지르다)

2) 가: 라흐만 씨, 어제 잘 들어갔어요?

   나: 늦게까지 일하느라고 _____ 옷도 안 갈아입고 잠이 들었어요.
                        (피곤하다)

3) 가: 오랜만에 고향에 간 거라서 부모님께서 아주 좋아하셨겠어요.

   나: 그럼요. _____ 동네 앞까지 한걸음에 달려 나오셨어요.
            (너무 반갑다)

4) 가: 안젤라 씨, 친구를 만나서 즐거운 시간을 보냈어요?

   나: 아니요. 일하느라 _____ 친구와의 약속을 깜박 잊어버렸어요.
                     (정신없다)

Track 07

1 다음 대화를 듣고 빈칸에 알맞은 말을 쓰세요. 그리고 말해 보세요. 🎧

1) 가: 후엔 씨, 웬일이에요? 검은색 정장을 입었네요.

나: 친구 어머니께서 _____.

2) 가: 잠시드 씨 아까 여기에 있었는데 어디에 갔어요?

나: 잘 모르겠어요. _____ 밖에 나갔어요.

3) 가: 잠시드 씨가 출근을 아직 안 했네요. 무슨 일 있는지 한번 전화해 보세요.

나: 네, 그럴게요. _____ 많이 아픈 거 아니에요?

4) 가: 후배 결혼식에 잘 다녀왔어요? 식장 분위기는 어땠어요?

나: 신랑 신부가 정말 행복해 보였어요.

그런데 신랑이 _____ 결혼식 내내 웃고 있었어요.

Track 08

2 다음을 듣고 물음에 답하세요. 🎧

1) 두 사람은 무엇에 대해 이야기하고 있습니까?

_____

2) 결혼식장에 가서 하는 행동을 순서에 맞게 써 보세요.

❶ 신랑 신부에게 축하 인사를 한다.　　　　　　　　　(　1　)

❷ 신랑이나 신부에게 축의금을 낸다.　　　　　　　　(　　)

❸ 신랑 신부와 가족, 하객이 같이 피로연을 한다.　　(　　)

❹ 결혼식에 참석한 사람들은 신랑 신부와 사진을 찍는다.　(　　)

1 다음은 온라인 초대장입니다. 글을 읽고 맞으면 ○, 틀리면 ✕ 하세요.

1) 박민수 씨의 60세 생일 초대장입니다. (　　　)

2) 환갑잔치는 식당에서 열릴 예정입니다. (　　　)

2 다음은 환갑잔치에 대한 설명문입니다. 글을 읽고 물음에 답하세요.

> 환갑은 만 60세의 나이를 가리키며, 환갑잔치는 만 60세의 생일을 축하하는 잔치이다.
> 과거에는 사람들의 수명이 짧아서 60세 이후까지 사는 경우가 아주 드물었기 때문에 건강과 장수를 기원하는 마음에서 축하 잔치를 벌였다.
> 환갑잔치에서는 친척, 지인들을 초대하여 떡과 술, 과일, 특별한 음식 등으로 차린 상을 대접한다. 환갑을 맞은 사람은 옷을 차려입고 배우자와 함께 자리에 앉으며, 자녀들은 부모에게 큰절을 하고 술잔을 올린다. 이날 자녀들은 부모님 생신을 축하하기 위해 공연을 준비하기도 한다.
> 요즘에는 사람들의 수명이 늘어나면서 환갑의 의미가 옛날만큼 크지 않아서 가족이나 가까운 사람들끼리 간소하게 치르는 것이 일반적이다.

1) 윗글에 나오지 <u>않은</u> 것을 고르세요.

❶ 환갑의 뜻　　　　　　❷ 환갑잔치 장소　　　　　　❸ 환갑잔치에서 하는 일

2) 윗글의 내용과 같은 것을 고르세요.

❶ 환갑잔치에서 자녀들은 환갑을 맞이한 부모에게 절을 하고 술잔을 올린다.

❷ 요즘 사람들은 환갑잔치의 의미를 옛날만큼 중요하게 생각해서 행사를 크게 치른다.

❸ 환갑잔치는 만 60세를 맞이한 사람이 주변 사람들에게 감사하기 위해 마련한 자리이다.

다음은 '한국의 돌잔치 소개'에 대한 글입니다. 메모를 참고하여 글을 완성하세요.

왜 특별한지?	아이가 태어나서 처음 맞이하는 생일을 기념함
무슨 의미가 있는지?	-'돌'은 아이가 출생한 지 1년이 된 날을 말함 -아이의 1년 생일을 축하하고 장수를 기원하기 위한 것임
무엇을 하는지?	-돌잔치에서는 '돌잡이'를 함 -아이 앞에 여러 물건들을 놓고 아이가 스스로 고르게 하고 미래를 맞혀 봄 -예를 들어 책을 집으면 공부를 잘한다거나 실을 집으면 오래 산다고 생각함
요즘은 어떻게 하는지?	현대에는 청진기, 마이크, 카메라, 게임기, 골프공 등 인기 있는 직업과 관련한 물건들을 '돌잡이' 상에 올리기도 함

한국에는 아이에게 특별한 생일인 '돌잔치'가 있는데. '돌잔치'는 아이가 태어나서 처음 맞이하는 생일을 기념하는 날이다. '돌'이라는 말은 1)

. 돌잔치는 2)

위한 것이다.

돌잔치에서는 '돌잡이'를 하는데, 아이 앞에 여러 물건들을 놓고 아이가 스스로 고르게 하고 아이의 미래를 맞혀 본다. 예를 들어 책을 집으면 공부를 잘한다거나 실을 집으면

3)

                                        .

현대에 와서는 청진기, 마이크, 카메라, 게임기, 골프공 등 4)

                                        .

5과 문화유산

어휘

1 관계있는 것을 연결하세요.

1) 궁궐 ·

· **1**  창덕궁
조선 시대의 왕들이 여기에서 살았어요.

2) 사찰 ·

· **2**  백록담
한라산 정상에 물이 고여 있는 곳이에요.

3) 호수 ·

· **3**  불국사
경주 토함산에 있는 유명한 절이에요.

4) 성곽 ·

· **4** 수원 화성
외부의 침입을 막기 위해 돌로 벽을 쌓아 만들었어요.

2 다음 문장에 알맞은 것을 고르세요.

1) 경주에는 불국사, 석굴암과 같은 유명한 (❶ 유적지, ❷ 목적지)이/가 많다.

2) 조상들이 남긴 (❶ 제품, ❷ 유물)을/를 통해 과거의 생활 모습을 알 수 있다.

3) 조선 왕릉은 유네스코에 등재된 세계 (❶ 기록 유산, ❷ 문화유산) 중 하나이다.

4) 정부는 경주에 남아 있는 신라 시대의 (❶ 문화재, ❷ 공공재)을/를 보호하기 위해 노력하고 있다.

3 〈보기〉에서 알맞은 것을 골라 문장을 완성하세요.

| 보기 | 탐방하다 | 지정하다 | 보존하다 | 중시하다 | 전승하다 |

1) 훌륭한 전통 문화유산을 지키고 _____아/어야 한다.

2) 정부에서는 이 지역을 보호하기 위해 국립 공원으로 _____.

3) 그는 후손들에게 전통 춤을 _____기 위해 많은 노력을 기울였다.

4) 이번에는 신라 시대의 역사를 배우기 위해 경주를 _____기로 결정하였다.

4 〈보기〉에서 알맞은 것을 골라 문장을 완성하세요.

| 보기 | 알려지다 | 물려주다 | 둘러보다 | 묻히다 | 인정하다 |

1) 세계에서는 경주의 역사적인 가치를 _____고 있다.

2) 문화 해설사의 설명을 들으면서 궁궐의 이곳저곳을 _____.

3) 그 부부는 사이가 좋아서 죽은 후에도 무덤에 같이 _____.

4) 현대인들은 조상들에게 받은 것을 후손들에게 _____기 위해 노력하고 있다.

5) 1940년에 발견된 훈민정음 해례본은 역사적 가치가 크다고 _____(으)ㄴ 문화재이다.

얼마나 동형 -는지 모르다

1 다음 표를 완성하세요.

기본형	얼마나 -는지/은지/ㄴ지 몰라요	기본형	얼마나 -는지/은지/ㄴ지 몰라요
많이 먹다	얼마나 많이 먹는지 몰라요	작다	얼마나 작은지 몰라요
빨리 오다		열심히 듣다	
많다		바쁘다	얼마나 바쁜지 몰라요
넓다		조심하다	
자주 만나다		맛있다	
신기하다		좋다	
★미끄럽다		★잘 만들다	

2 〈보기〉와 같이 문장을 완성하세요.

보기

요즘 이 가수가 얼마나 인기가 <u>많은지 몰라요</u> .
(많다)

1) 동생이 아리랑을 얼마나 잘 _____.
(부르다)

2) 바쁘신데도 도와주셔서 얼마나 _____.
(고맙다)

3) 휴대 전화를 잃어버려서 얼마나 _____.
(불편하다)

4) 지난주에 제주도로 여행을 다녀왔는데 얼마나 _____.
(좋았다)

3 〈보기〉와 같이 대화를 완성하세요.

> **보기** 가: 라흐만 씨가 일을 잘하는 것 같아요.
>
> 나: 맞아요. 입사한 지 한 달밖에 안 됐는데 일을 얼마나 빨리 <u>배우는지 몰라요</u>.
> (배우다)

1) 가: 히엔 씨가 한국어를 정말 열심히 공부하는 것 같아요.

   나: 네, 히엔 씨가 얼마나 _____.
   (노력하다)

2) 가: 와, 여기 경치가 너무 아름다워요.

   나: 그렇지요? 낮에도 멋있지만 야경도 얼마나 _____.
   (아름답다)

3) 가: 한국어 발음이 정말 좋네요. 어떻게 하면 발음이 좋아져요?

   나: 처음 한국어를 배울 때 시디(CD)를 들으면서 얼마나 열심히 _____.
   (연습했다)

4) 가: 이번에 새로 온 직원이 열심히 하네요.

   나: 네, 얼마나 괜찮은 _____. 성격도 좋고 일도 아주 잘해요.
   (사람)

> 동 형 **-든지**

1 다음 표를 완성하세요.

기본형	-든지	기본형	-든지
먹다	먹든지	보다	
작다		비싸다	
부르다		마시다	마시든지
요리하다		나쁘다	나쁘든지
많다		재미있다	
듣다		길다	
눕다		만들다	

2 〈보기〉와 같이 문장을 완성하세요.

> 보기
>
> 고민이 있으면 <u>가족에게 말하든지 전문가에게 조언을 받든지</u> 해야 한다.
> (가족에게 말하다/전문가에게 조언을 받다)

1) 내 친구는 방이 _____ 신경 쓰지 않는다.
   (깨끗하다/더럽다)

2) 한번 선택한 일은 _____ 최선을 다해야 한다.
   (쉽다/어렵다)

3) 나는 스트레스를 받으면 _____ 한다.
   (노래를 부르다/단 음식을 먹다)

4) 한국 역사를 배우기 위해 _____ 할 것이다.
   (책으로 공부하다/유적지에 가다)

3 〈보기〉와 같이 대화를 완성하세요.

> 보기
>
> 가: 내일 비가 와도 행사를 하나요?
> 나: 네, 비가 <u>오든지 안 오든지</u> 상관없어요. 일정은 바뀌지 않을 거예요.

1) 가: 이번 휴가에 바다로 갈까요, 산으로 갈까요?
   나: _____ 다 좋으니까 어디든지 가요.

2) 가: 이건 너무 싼데 생일 선물로 괜찮을까요? 비싼 걸로 해야 할까요?
   나: 선물은 _____ 그런 건 중요하지 않아요. 정성이 중요하지요.

3) 가: 팀장님, 보고서를 직접 드릴까요, 이메일로 보낼까요?
   나: _____ 하세요.

4) 가: 한국말을 전혀 못하는데 사회통합프로그램 수업을 신청할 수 있어요?
   나: 그럼요, 한국말을 _____ 외국인이면 모두 신청할 수 있어요.

Track 09

1 다음 대화를 듣고 빈칸에 알맞은 말을 쓰세요. 그리고 말해 보세요. 🎧

1) 가: 부장님, 직원들에게 회의 시간을 어떻게 알릴까요?

   나: _____ 하세요.

2) 가: 창덕궁에 행사가 많이 열려서 관광객이 _____.

   나: 그래요? 저도 기회가 있을 때 꼭 가 보고 싶네요.

3) 가: 수원 화성은 어떤 곳이에요?

   나: 외부의 침입으로부터 마을을 지키기 위해 만들어진 _____.

4) 가: 이번 휴가에 여행을 가려고 하는데 어디가 좋을까요?

   나: 이 블로그에서 찾아보세요. 여기에 _____.

Track 10

2 다음을 듣고 물음에 답하세요. 🎧

1) 성산 일출봉에서는 무엇을 볼 수 있어요?

   _____

2) 들은 내용과 같으면 ○, 다르면 X 하세요.

   ❶ 애나는 여행을 자주 다닌다.   (　　　)

   ❷ 두 사람은 제주도에 함께 여행을 갈 것이다.   (　　　)

   ❸ 제주도에서는 바다를 보며 산책을 할 수 있다.   (　　　)

1 다음은 창덕궁 관람 프로그램 안내문입니다. 글을 읽고 맞으면 ○, 틀리면 X 하세요.

창덕궁 달빛기행

조선 시대 왕들의 사랑을 가장 많이 받았던 궁, 창덕궁에 여러분을 초대합니다.

티켓 예매: 인터넷 예매, 전화 예매(홈페이지 참조)
문   의: 고객 센터 1566-1369
관람 요일: 매주 목 · 금 · 토 · 일요일
          (영어 · 중국어 · 일본어 해설 진행)

1) 이 행사에 참가하면 조선 시대의 궁궐을 관람할 수 있다.　　　　(　　　)

2) 이 행사에서는 주말에 궁궐에 대한 설명을 들을 수 있다.　　　　(　　　)

2 다음은 창덕궁에 대한 기행문입니다. 글을 읽고 물음에 답하세요.

　　나는 지난주 토요일에 친구들과 함께 창덕궁을 방문했다. 창덕궁에서는 야간에 궁궐을 구경할 수 있는 '창덕궁 달빛기행' 행사를 하고 있다. 창덕궁의 아름다운 야경을 감상할 수 있어서 한국인뿐만 아니라 외국인들도 많았다. 창덕궁의 입구에 모여서 해설사와 함께 궁 안으로 들어갔다. 문화 해설사는 중간중간 멈추어 서서 창덕궁의 흥미로운 옛이야기를 들려 주었다. 한 시간 정도 관람한 후에 우리는 공연을 보기 위해서 연경당 앞에 자리를 잡았다. 궁궐 내에서 펼쳐진 부채춤이 얼마나 고왔는지 모른다. 공연을 마지막으로 우리는 궁궐을 나왔다. 옛날 왕들의 공간인 창덕궁에서의 밤은 잊지 못할 경험이었다. 궁궐을 나오는 길의 달빛은 여전히 밝고 환했다.

1) 윗글의 내용과 같으면 ○, 다르면 X 하세요.
　❶ 창덕궁 달빛기행은 낮에도 진행한다.　　　　(　　　)
　❷ 한국인뿐만 아니라 외국인도 참여할 수 있다.　(　　　)

2) 윗글의 내용과 <u>다른</u> 것을 고르세요.
　❶ 창덕궁 밖에서 부채춤 공연을 볼 수 있다.
　❷ 문화 해설사는 창덕궁의 옛이야기를 들려 준다.
　❸ 이 행사에서 사람들은 밤에 창덕궁을 구경할 수 있다.

다음은 '문화유산을 설명하는 글'입니다. 메모를 참고하여 글을 완성하세요.

문화유산 이름은?	판소리
문화유산 소개?	- '넓은 장소(판)'에서 하는 '노래(소리)'를 뜻함 - 노래와 말, 몸짓으로 관객들에게 이야기를 들려 주는 한국의 전통 음악임
어떤 특징/가치가 있는지?	- 노래하는 사람은 소리꾼, 북을 치는 사람은 고수라고 부름 - 공연에 함께 참여하는 느낌이 듦 - 한국의 옛날이야기를 바탕으로 만들어짐 - '춘향가', '심청가' 등이 남아 있음

　　판소리는 ¹⁾　　　　　　　　　　　　　　　. 노래와 말, 몸짓으로 관객들에게

이야기를 들려 주는 한국의 전통 음악이다. 노래하는 사람은 소리꾼, 북을 치는 사람은

²⁾　　　　　　　　. 판소리 공연 중에 관객들이 '잘한다', '좋다' 등의 말을 할 수

있는데 ³⁾　　　　　　　　　　　　　얼마나 재미있는지 모른다. 판소리는

⁴⁾　　　　　　　　　　　　, 현재 춘향가, 심청가

등이 남아 있다. 조선 시대에 모든 사람들에게 사랑을 받았고 지금도 사람들의 관심

속에서 전승되어 오고 있다.

6과 국제화 시대

어휘

1 관계있는 것을 연결하세요.

1) 해외 지사 •

2) 다국적 기업 •

3) 국제 분쟁 •

4) 국제기구 •

• ❶ 나라와 나라 사이에 여러 문제가 생겨 다툼이 발생한다.

• ❷ 다른 나라에 사무실을 만들어 그곳에서 일을 한다.

• ❸ 여러 나라에 회사나 공장을 만들어 물건을 판매, 생산한다.

• ❹ 두 나라 이상이 모인 조직으로 OECD, EU, UN 등이 있다.

2 〈보기〉에서 알맞은 것을 골라 문장을 완성하세요.

> **보기**   세계 평화 유지에 힘쓰다   해외 봉사 단체에 지원하다   문화 교류를 추진하다
>
>   외교 관계를 맺다   공동체 의식을 가지다

1) 한국 영화, 드라마, 케이팝(K-pop)을 통해 여러 나라와 _____(으)려고 한다.

2) 여러 국제기구를 통해 각 나라들은 분쟁을 줄이는 등 _____고 있다.

3) 세계에서 일어나는 일에 대해 관심을 가지고 함께하는 _____아/어야 한다.

4) 두 나라는 서로 외교관을 파견하고 _____(으)ㄴ 후로 수출이 눈에 띄게 늘어나고 있다.

3 〈보기〉에서 알맞은 것을 골라 문장을 완성하세요.

> 보기   분류하다   진출하다   체류하다   차지하다   지적하다

1) 김한국 선수는 올림픽에서 금메달을 _____.

2) 생물은 동물과 식물로 _____(으)ㄹ 수 있다.

3) 드디어 우리 회사가 넓은 해외 시장으로 _____게 되었다.

4) 나는 2년 동안 해외에서 _____(으)면서 만난 사람들의 이야기로 책을 만들었다.

4 다음 문장에 알맞은 것을 고르세요.

1) 국제화 시대에서 다른 문화에 대한 (❶편견을 버려야, ❷편견을 가져야) 한다.

2) 해외에서 한국 드라마가 인기를 얻으면서 배우들이 (❶세계를 무대로 활동하고, ❷해외 지사에 지원하고) 있다.

3) 다른 문화의 사람들과 함께할 때에는 그 문화에 대한 (❶다양한 문화를 존중하는, ❷배경지식을 갖추는) 것 또한 필요하다.

4) 서로 언어와 문화가 다르더라도 (❶열린 마음을 가지고, ❷닫힌 마음을 가지고) 받아들여야 한다.

문법

동 형 -던

1 다음 표를 완성하세요.

기본형	-던	기본형	-던
먹다	먹던	쓰다	쓰던
가다		많다	많던
듣다		크다	
놀다		찾다	
작다		친절하다	

2 〈보기〉와 같이 문장을 완성하세요.

보기
이 음식은 고향에서 자주 만들어서 <u>먹던</u> 음식이에요.
(먹다)

1) 이곳은 어릴 때부터 _____ 집이에요.
(살다)

2) 내가 자주 _____ 세탁소가 문을 닫았어요.
(이용하다)

3) 해외 지사에서 _____ 동료가 한국으로 다시 돌아왔어요.
(근무하다)

4) 운동을 하기 위해 자주 _____ 체육 시설이 문을 닫았어요.
(다니다)

3 〈보기〉와 같이 대화를 완성하세요.

> 보기
> 가: 지금 뭘 찾아요?
> 나: 제가 <u>쓰던</u> 연필이 없어졌어요.
> (쓰다)

1) 가: 어제 저는 새 휴대 전화로 바꿨어요.

　 나: 어? 그럼 _____ 휴대 전화는 어떻게 했어요?
　　　　　　　　　　　(사용하다)

2) 가: 여보, 조금 전 식탁 위에 _____ 커피 못 봤어요?
　　　　　　　　　　　　　　　　　(남아 있다)

　 나: 아, 미안해요. 다 마신 줄 알고 버렸어요.

3) 가: 실례합니다. 여기에서 _____ 노트북 못 보셨어요?
　　　　　　　　　　　　　　　(충전하다)

　 나: 아, 그 노트북을 제가 저기에 갖다 놓았어요.

4) 가: 잠시드 씨, 무슨 고민이 있어요?

　 나: 네. 오랫동안 _____ 회사를 그만둬야 할 것 같아요.
　　　　　　　　　　(일하다)

동형 -을 정도로

1 다음 표를 완성하세요.

기본형	-을 정도로/ㄹ 정도로	기본형	-을 정도로/ㄹ 정도로
먹다	먹을 정도로	쓰다	쓸 정도로
많다		좋다	
모르다		바쁘다	바쁠 정도로
★듣다		없다	
★만들다		★맵다	

2 〈보기〉와 같이 문장을 완성하세요.

> 보기
>
> 요즘 회사에서 일이 많아서 <u>밥을 못 먹을 정도로</u> 바빠요.
> (밥을 못 먹다)

1) 이 떡볶이는 _____ 매워요.
   (눈물이 나다)

2) 이 드라마는 _____ 많이 봤어요.
   (대사를 외우다)

3) 이 카페는 _____ 손님이 많아요.
   (앉을 자리가 없다)

4) 동생은 언니라고 _____ 키가 매우 커요.
   (착각하다)

3 〈보기〉와 같이 대화를 완성하세요.

> 보기
>
> 가: 4급 시험에 합격했네요. 축하해요.
> 나: 고마워요. <u>말을 할 수 없을 정도로</u> 기뻐요.
> (말을 할 수 없다)

1) 가: 오래간만에 등산을 하니 힘들지요?
   나: 네. 더 이상 _____ 다리가 너무 아파요.
   (움직일 수 없다)

2) 가: 땅이 젖은 걸 보니 어제 비가 많이 온 것 같아요.
   나: 네. 어제저녁에 _____ 비가 많이 왔어요.
   (앞이 안 보이다)

3) 가: 안녕하세요? 아나이스 씨, 오래간만이에요.
   나: 어머! 라민 씨인 줄 몰랐어요. _____ 살이 많이 빠졌네요.
   (못 알아보다)

4) 가: 목소리가 왜 그래요? 감기에 걸렸어요?
   나: 아니요. 어제 콘서트장에서 _____ 소리를 많이 질러서 그래요.
   (목이 쉬다)

Track 11

1 다음 대화를 듣고 빈칸에 알맞은 말을 쓰세요. 그리고 말해 보세요.

1) 가: 이제는 한 나라에서 다양한 국적의 사람들을 만나는 것은 어렵지 않은 것 같아요.

　나: 맞아요. 이제는 정말 _____.

2) 가: 해외 지사에서 근무하고 싶은데 무엇이 가장 중요할까요?

　나: 모든 업무를 _____ 외국어에 능통하면 된다고 들었어요.

3) 가: 한국의 드라마, 음악의 인기가 더 높아지고 있어요.

　나: 맞아요. 그래서 한국과 _____ 나라들도 더 많아지고 있어요.

4) 가: 고향 소식을 자주 듣고 있어요?

　나: 네. 최근 들어 _____ 고향에 여러 다국적 기업들이 많이 생겼대요.

Track 12

2 다음을 듣고 물음에 답하세요.

1) 안젤라 씨는 대학교 때 어떤 경험을 했습니까?

_____

2) 들은 내용과 같으면 ○, 다르면 X 하세요.

❶ 안젤라 씨는 해외에서 봉사 활동을 하면서 공동체 의식을 느꼈다.　(　)

❷ 남자는 해외에서 생활하면서 배우고 느낀 점이 많다.　(　)

❸ 안젤라 씨의 대학교 때 경험은 외국 생활에 도움이 되고 있다.　(　)

1 다음은 '캠프 참가자 모집 포스터'입니다. 다음 내용을 보고 맞으면 ○, 틀리면 X 하세요.

> **국제화 시대!**
> **국제 교류 캠프**
> **참가자 모집**
>
> 문화 캠프에서 생활하며 세계의 대학생들과 우정을 쌓을 수 있는 '국제 교류 캠프'에 초대합니다.
>
> **참가 대상** 국제 교류에 관심 있는 대학생
> **참가 비용** 전액 무료(숙박비, 교통비, 식비, 체험비 등)
> **신청 기간** 7월 1일~10일
>
> **참가 문의** 한국대학교 국제협력처 02)123-4567

1) 이 캠프에서는 한국의 여러 대학 학생들이 함께 생활한다. ( )

2) 국제 교류에 관심이 있다면 비용 부담 없이 참가할 수 있다. ( )

2 다음은 국제화 시대에 필요한 인재에 대한 칼럼입니다. 글을 읽고 물음에 답하세요.

> 세계의 많은 나라들이 서로 협력을 하거나 경쟁을 하면서 성장하기 때문에 이러한 결과로 함께 힘을 모으기 위해 다양한 방면에서 국제 협력이 활발해졌다. 이러한 시대가 요구하는 인재들에게는 어떤 능력이 필요할까? (㉠) 다양한 문화권의 사람들과 함께 어울려야 하기 때문에 적극적인 태도와 서로 다름을 인정할 수 있는 이해력이 있어야 한다. 그리고 낯선 환경에 두려워하지 않는 도전 정신과 적응 능력이 또한 요구된다. 무엇보다 다양한 언어를 사용하는 사람들과 의사소통을 해야 하기 때문에 유창한 외국어 능력은 기본이다. 이러한 능력을 갖추고 있는 사람만이 점점 국제화가 되고 있는 시대에서 살아남을 수 있을 것이다.

1) ㉠에 들어갈 알맞은 말을 고르세요.

　❶ 우선　　　　　　　❷ 또한　　　　　　　❸ 다음으로

2) 윗글의 내용과 <u>다른</u> 것을 고르세요.

　❶ 최근 들어 세계 여러 나라들은 서로 협력하는 일이 많아졌다.

　❷ 국제화 시대에는 서로의 차이를 구별해 내는 판단력이 요구된다.

　❸ 국제화 시대의 인재에게 가장 필요한 것은 유창한 외국어 실력이다.

1 다음은 '한국 회사 취업 도전'에 대한 글입니다. 메모를 참고하여 글을 완성하세요.

어떤 일에 도전하고 싶은지?	한국 무역 회사에서 통역사로 일하는 유능한 회사원
무엇을 준비했는지?	-한국어를 정확하고 유창하게 말하기 위해서 한국어 공부를 함 -한국 제품을 고향에 팔면서 무역에 대한 다양한 경험을 쌓음 -무역과 관련된 책과 자료를 찾아보면서 무역에 대한 전문 지식을 습득함
어떤 어려움이 있었는지?	-한국 회사 문화에 대한 적응 -회사 상사나 동료와의 편하지 않은 관계

    나의 꿈은 한국 무역 회사에서 통역사로 취직하여 ¹⁾   .

그래서 한국어를 정확하고 유창하게 말하기 위해서 한국어 공부를 열심히 하였고 그 결과

한국어 능력시험 4급에 합격했다. 그리고 ²⁾   .

무역과 관련된 책과 자료를 찾아보면서 ³⁾   .

그 결과 고향인 베트남과 연결된 한국 무역 회사에 취직할 수 있었다. 취직은 했지만

회사 생활이 쉽지 않았다. ⁴⁾   회사 상사나 동료와의

관계도 편하지 않았다. 그렇지만 이 모든 어려움을 이겨내는 것이 내 미래를 위한 또 다른

시작이라고 생각하고 열심히 노력하고 있다.

7과 현대인의 질병

어휘

1 관계있는 것을 연결하세요.

1) 비염 •

2) 위염 •

3) 장염 •

4) 기관지염 •

• ❶ 배가 아프고 설사를 해요.

• ❷ 코가 막히고 콧물이 나요.

• ❸ 소화가 안 되고 속이 쓰려요.

• ❹ 목이 아프고 기침을 계속해요.

2 다음 문장에 알맞은 것을 고르세요.

1) 아침부터 계속 (❶ 어지러워서, ❷ 배가 더부룩해서) 소화제를 먹었다.

2) 38도 이상 (❶ 고열이 날, ❷ 혈압이 높을) 때는 빨리 병원에 가 봐야 한다.

3) 컨디션이 안 좋고 피곤한 상태가 지속되면 (❶ 다리가 부을, ❷ 재채기를 할) 수 있다.

4) 감기에 걸려서 (❶ 목이 따끔거릴, ❷ 얼굴에 뭐가 날) 때는 따뜻한 물을 마시는 것이 좋다.

3 〈보기〉에서 알맞은 것을 골라 문장을 완성하세요.

> **보기**
>
> 금연하다 　　　　규칙적인 운동을 하다 　　　　충분한 수면을 취하다
> 　　　소금의 섭취를 줄이다 　　　　균형 잡힌 식사를 하다

1) 매일 30분 이상 _____(으)면 체력을 향상시킬 수 있다.

2) 음식을 짜게 먹으면 고혈압이 생길 수 있기 때문에 _____는
것이 좋다.

3) 담배는 폐암의 원인이 되기 때문에 건강을 위해 _____는
사람이 늘고 있다.

4) 현대인은 잠이 부족하면 몸에 문제가 생기는 경우가 많기 때문에 _____
(으)ㄹ 필요가 있다.

5) 건강을 유지하기 위해서는 우리 몸에 필요한 영양소가 골고루 들어 있는 _____
_____아/어야 한다.

4 다음 문장에 알맞은 것을 고르세요.

1) 한국인의 사망 원인 중에서 1위를 (❶ 차지하는, ❷ 발생하는) 병은 암이다.

2) 현대인들의 질병과 잘못된 생활 습관은 (❶ 과도한, ❷ 밀접한) 관련이 있다.

3) 전문가들은 건강한 삶을 위해 잘못된 생활 습관을 바꾸도록 (❶ 권한다, ❷ 제한한다).

4) 직장 생활의 스트레스에 (❶ 시달리는, ❷ 대처하는) 방법은 일과 휴식의 균형을 유지하는 것이다.

동 -되

1 다음 표를 완성하세요.

기본형	-되	기본형	-되
먹다	먹되	찾다	
읽다		걷다	
가다	가되	마시다	
쓰다		운동하다	
살다		다녀오다	

2 〈보기〉와 같이 문장을 완성하세요.

> **보기**
> 이 식당에서는 음식을 <u>마음껏 먹되</u> 남기면 안 된다.
> (마음껏 먹다)

1) 공부를 잘하기 위해서는 _____ 집중해서 할 필요가 있다.
(열심히 공부하다)

2) 질병을 예방하려면 _____ 30초 이상 깨끗이 씻어야 한다.
(비누로 손을 씻다)

3) 잠이 안 올 때는 _____ 가사가 없는 것을 듣는 것이 좋다.
(느린 음악을 듣다)

4) 친구와 좋은 관계를 유지하는 방법은 _____ 기본적인 예의를 지키는 것이다.
(친하게 지내다)

〈보기〉와 같이 대화를 완성하세요.

가: 위염에 걸렸는데 식사를 해도 돼요?

나: <u>식사를 하되</u> 자극적인 음식은 피하는 것이 좋습니다.

1) 가: 보고서를 이메일로 제출해도 되나요?

　　나: 보고서를 ＿＿＿＿＿＿＿＿＿＿＿＿＿ 보낸 후에 문자로 알려 주십시오.

2) 가: 이번 발표 주제는 자유롭게 정하면 되지요?

　　나: 주제는 ＿＿＿＿＿＿＿＿＿＿＿＿＿ 한국 문화에 대한 것이어야 합니다.

3) 가: 한국어 실력을 빨리 늘리고 싶은데 매일 일기를 쓰면 될까요?

　　나: 매일 ＿＿＿＿＿＿＿＿＿＿＿＿＿ 배운 단어를 충분히 사용하도록 노력해야 합니다.

4) 가: 책을 읽는 것이 기억력 향상에 도움이 돼요?

　　나: ＿＿＿＿＿＿＿＿＿＿＿＿＿ 소리 내어 읽으면 이해력과 기억력을 동시에 향상시킬 수 있습니다.

동-었더니

 다음 표를 완성하세요.

기본형	-았더니/었더니	기본형	-았더니/었더니
받다	받았더니	놀다	
가다		먹다	먹었더니
읽다		마시다	
무리하다	무리했더니	운동하다	
★듣다		★부르다	

2 〈보기〉와 같이 문장을 완성하세요.

> 보기
>
> 어제 창문을 열고 <u>잤더니</u> 목감기에 걸렸다.
> (자다)

1) 아침에 감기약을 _____ 너무 졸리다.
   (먹다)

2) 요즘 시간이 없어서 운동을 _____ 몸이 무겁다.
   (못 하다)

3) 이사할 집을 구하려고 여기저기 _____ 다리가 너무 아프다.
   (다니다)

4) 세탁소에 맡겨야 하는 옷을 집에서 세탁기로 _____ 옷이 줄어들었다.
   (빨다)

3 〈보기〉와 같이 대화를 완성하세요.

> 보기
>
> 가: 이 시간까지 안 자고 뭐 해요?
> 나: 낮에 <u>커피를 많이 마셨더니</u> 잠이 안 와요.
>   (커피를 많이 마시다)

1) 가: 몸은 좀 괜찮아졌어요?
   나: _____ 많이 좋아졌어요.
      (주말 동안 푹 쉬다)

2) 가: 점심을 왜 회사 식당에서 안 먹고 다른 곳에서 먹었어요?
   나: 제가 좀 _____ 자리가 없더라고요.
      (늦게 가다)

3) 가: 목소리가 좀 이상한데 왜 그래요?
   나: 어제 노래방에 가서 _____ 목이 쉰 것 같아요.
      (큰 소리로 노래를 부르다)

4) 가: 어디 아프세요? 몸이 안 좋아 보여요.
   나: 지난주에 _____ 몸살이 났어요.
      (집 정리를 하면서 무리하다)

Track 13

1 다음 대화를 듣고 빈칸에 알맞은 말을 쓰세요. 그리고 말해 보세요.

1) 가: 기관지염이 아직 안 나았어요?

나: 네. 목이 계속 _____ 아파요.

2) 가: 콧물이 심하네요. 감기에 걸렸어요?

나: 아니요. _____ 그래요.

3) 가: 왜 저녁을 안 드세요?

나: 점심을 _____ 배가 더부룩해요.

4) 가: 장염에 걸렸는데 밥을 먹어도 돼요?

나: _____ 소화가 잘되는 음식으로 먹는 것이 좋습니다.

Track 14

2 다음을 듣고 물음에 답하세요.

1) 라민은 무슨 병에 걸린 것 같아요?

_____

2) 들은 내용과 같으면 ○, 다르면 X 하세요.

❶ 라민은 오늘 과식을 했다. ( )

❷ 라민은 요즘 발표 준비로 힘들었다. ( )

❸ 라민은 당분간 밥을 굶어야 한다. ( )

1 다음은 탄수화물에 대한 글입니다. 글을 읽고 내용과 같으면 ○, 다르면 X 하세요.

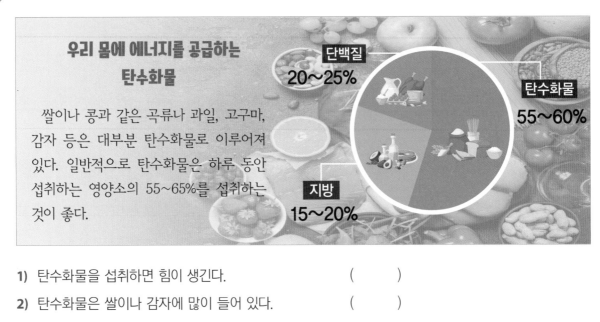

우리 몸에 에너지를 공급하는
탄수화물

쌀이나 콩과 같은 곡류나 과일, 고구마, 감자 등은 대부분 탄수화물로 이루어져 있다. 일반적으로 탄수화물은 하루 동안 섭취하는 영양소의 55~65%를 섭취하는 것이 좋다.

단백질 20~25%

탄수화물 55~60%

지방 15~20%

1) 탄수화물을 섭취하면 힘이 생긴다. (   )
2) 탄수화물은 쌀이나 감자에 많이 들어 있다. (   )

2 다음은 탄수화물 중독에 대한 글입니다. 글을 읽고 물음에 답하세요.

탄수화물 중독은 하루에 필요한 양의 탄수화물을 섭취하고도 과자나 케이크와 같은 단 음식을 찾게 되는 증상을 말한다. 우리가 즐겨 먹는 밥, 라면, 국수, 과자, 빵, 사탕, 초콜릿 등은 모두 탄수화물을 대표하는 식품이다. 탄수화물은 우리 몸에 꼭 필요한 영양소이지만 지나치게 섭취할 경우 중독 증상이 나타날 수 있기 때문에 주의해야 한다. 탄수화물에 중독되면 점점 더 많은 양을 섭취하게 된다. 필요 이상으로 섭취한 탄수화물은 우리 몸에 쌓여 비만을 일으키고 당뇨병이나 고혈압 등의 성인병이 생기게 할 수 있다. 탄수화물 중독을 예방하기 위해서는 평소에 균형 잡힌 식사를 하고 잘못된 식습관은 고치는 것이 좋다. 예를 들어 과자나 케이크 대신 과일을 먹고 흰쌀밥 대신 잡곡밥을 먹는 등의 노력을 계속하다 보면 탄수화물 중독 위험에서 벗어날 수 있을 것이다.

1) 윗글에 나오지 않은 것을 고르세요.
   ❶ 탄수화물 중독의 뜻   ❷ 탄수화물 중독의 영향   ❸ 탄수화물 중독의 검사 방법

2) 윗글의 내용과 같은 것을 고르세요.
   ❶ 탄수화물은 많이 섭취할수록 몸에 좋다.
   ❷ 탄수화물에 중독되면 섭취량이 점점 줄어든다.
   ❸ 탄수화물 중독은 일상생활 속에서 예방할 수 있다.

1 다음은 '생활 습관과 현대인의 병'에 대한 글입니다. 메모를 참고하여 글을 완성하세요.

병의 이름은?	당뇨병
병에 걸리는 원인은?	-탄수화물의 지나친 섭취 -운동 부족
병을 주의해야 하는 이유는?	심장이나 뇌와 관련된 병을 일으키는 원인이 되기 때문
병을 예방하는 방법은?	-탄수화물의 섭취 줄이기 -규칙적으로 운동하기

　　과학 기술이 발달하면서 현대인의 생활은 편리해졌지만 잘못된 생활 습관과 관련된

질병은 오히려 늘고 있다. 그래서 최근에는 성인병을 가리켜 '생활 습관병'으로 부르기도

한다. 이러한 생활 습관병의 대표적인 것으로 당뇨병을 들 수 있다. 이것의 원인은 여러

가지가 있는데 빵, 국수, 초콜릿 등의 식품에 포함된 탄수화물을 **1)**

오랫동안 앉아 있어 **2)**　　　　　　　　　　　　 상태가 지속되면 병에 걸릴

확률이 높아진다. 당뇨병은 그 자체만으로는 크게 위험하지 않지만 심장이나 뇌와 관련된

3)　　　　　　　　　　　　 때문에 주의해야 한다. 앞으로 건강한 삶을

유지하기 위해서는 **4)**　　　　　　　　　　　 짧은 시간 동안이라도

5)　　　　　　　　　 등 생활 습관을 개선할 필요가 있다.

8과 정보화 사회

어휘

1 관계있는 것을 연결하세요.

1) 채팅 앱 · · ❶ 정보를 검색하다

2) 에스엔에스(SNS) · · ❷ 팔로우(follow)하다

3) 인터넷 포털 사이트 · · ❸ 단톡방을 만들다

4) 동영상 재생 사이트 · · ❹ 드라마/영화를 보다

2 다음 문장에 알맞은 것을 고르세요.

1) 인터넷상에서 요즘 뜨고 있는 동영상을 (❶ 다운로드한다, ❷ 복사한다).

2) 요즘 시간이 날 때마다 에스엔에스(SNS)로 친구와 사진을 자주 (❶ 저장한다, ❷ 공유한다).

3) 와이파이(Wi-Fi) 상태가 좋지 않아서 파일을 (❶ 전송하지, ❷ 접속하지) 못했다.

4) 인터넷 사이트의 회원이 되려면 개인 정보 이용에 (❶ 동의해야 한다, ❷ 신청해야 한다).

5) 과제에 필요한 자료를 찾으려고 인터넷 검색창에 검색어를 (❶ 가입했다, ❷ 입력했다).

3 〈보기〉에서 알맞은 것을 골라 문장을 완성하세요.

> 보기   개인 정보   가짜 뉴스   사생활 침해   악성 댓글   인터넷 중독   정보화 사회

1) 거리 곳곳의 시시티비(CCTV) 때문에 사람들이 _____을/를 받을 위험이 크다.

2) 인터넷 게시 글에 달린 _____(으)로 피해를 보는 사람들이 많아지고 있다.

3) 최근 유명한 온라인 구직 사이트에서 _____이/가 대량 유출되었다.

4) 이번 설문 조사에서 응답자 중 절반 이상의 청소년들이 _____인 것으로 나타났다.

5) 일인 방송이 증가하면서 사실이 확인되지 않은 _____이/가 만들어지고 있다.

4 〈보기〉에서 알맞은 것을 골라 문장을 완성하세요.

> 보기   단절되다   무기력해지다   빠지다   악용되다   저하되다

1) 스마트폰의 사용과 함께 가족 간의 대화도 점차 _____.

2) 최근 에스엔에스(SNS)상에서 채팅 앱이 범죄에 _____ 사례가 발생하고 있다.

3) 연구 결과에 따르면, 인터넷 게임을 많이 하는 아이일수록 집중력이 _____.

4) 일부 사람들은 에스엔에스(SNS)에 나오는 다른 사람들의 화려한 일상을 부러워하면서 자신의 삶이 _____ 경험을 한다.

동 형 -는다면서요?

1 다음 표를 완성하세요.

기본형	-는다면서요/ㄴ다면서요/ 다면서요?	기본형	-는다면서요/ㄴ다면서요/ 다면서요?
가다	간다면서요?	싸다	
듣다	듣는다면서요?	맛있다	
준비하다		빠르다	빠르다면서요?
배우다		아름답다	
취직하다		멀다	
★만들다		복잡하다	

2 〈보기〉와 같이 문장을 완성하세요.

> **보기**
>
> 다음 달에 친구들과 여행을 __간다면서요__?
> (가다)

1) 요즘 취업 준비를 하느라고 _____?
   (힘들다)

2) 건강 문제로 오랫동안 다니던 회사를 _____?
   (그만두다)

3) 이번 중간 평가 시험에서 1등으로 _____?
   (합격했다)

4) 아나이스 씨 친구가 프랑스에서 유명한 _____?
   (요리사이다)

3 〈보기〉와 같이 문장을 완성하세요.

> 보기
>
> 가: 베트남에는 여성의 날이 <u>있다면서요</u>?
> (있다)
>
> 나: 네. 여성의 날에는 보통 여성들에게 선물로 꽃을 줘요.

1) 가: 새로 입사한 직장이 그렇게 _____?
   (좋다)

   나: 네. 근무 조건도 좋고 회사 분위기도 좋아서 아주 마음에 들어요.

2) 가: 지난 휴가 때 여행을 _____?
   (다녀왔다)

   나: 아니요. 여행 간 것이 아니라 친구 결혼식 때문에 고향에 간 거예요.

3) 가: 요즘 매일 퇴근 후에 요가를 _____?
   (배우다)

   나: 네. 친구가 권해서 시작했는데 어렵기는 하지만 할수록 재미있어요.

4) 가: 인터넷으로 무슨 옷을 이렇게 많이 샀어? _____?
   (저축하다)

   나: 쇼핑 사이트에 들어가니까 특별 세일을 하고 있잖아. 너무 싸서 사고 말았어.

동–을 겸 동–을 겸

1 다음 표를 완성하세요.

기본형	–을 겸/ㄹ 겸	기본형	–을 겸/ㄹ 겸
사다		만나다	
바꾸다		알아보다	알아볼 겸
입다	입을 겸	사귀다	
시작하다		쓰다	
★놀다		나누다	
★걷다		여행하다	

2 〈보기〉와 같이 문장을 완성하세요.

> 보기
>
> <u>영어도 배울</u> 겸 <u>경험도 쌓을</u> 겸 해외 어학 연수를 가려고 해요.
> (영어를 배우다 / 경험을 쌓다)

1) _____ 1인 미디어를 시작했어요.
   (한국 문화를 알리다 / 취미 생활을 하다)

2) 이번 휴가 때 _____ 차를 가지고 갔어요.
   (기분을 내다 / 편하게 이동하다)

3) _____ 주민 센터에서 요리 수업을 듣고 있어요.
   (한국 음식을 배우다 / 사람들을 사귀다)

4) _____ 에스엔에스(SNS) 계정을 새로 만들었어요.
   (고향 친구들과 연락하다 / 정보를 얻다)

3 〈보기〉와 같이 대화를 완성하세요.

> 보기
>
> 가: 어디 다녀오시는 길이세요?
>
> 나: <u>장도 볼 겸 바람도 쐴 겸</u> 시장에 갔다 오는 길이에요.
> (장을 보다 / 바람을 쐬다)

1) 가: 요즘 출근할 때 자동차 대신 자전거로 다니시죠?

   나: 네, _____ 자전거를 이용하고 있어요.
   (차비를 아끼다 / 운동을 하다)

2) 가: 일하면서 봉사 활동하러 센터에 나오기 힘들지 않으세요?

   나: _____ 센터에 나오니까 재미있어요.
   (사람들을 도와주다 / 사는 이야기를 나누다)

3) 가: 라흐만 씨는 중고 거래를 좋아하시는 것 같아요.

   나: 네, _____ 자주 이용하는 편이에요.
   (오래된 물건을 정리하다 / 필요한 물건을 싸게 사다)

4) 가: 후엔 씨, 주말에 뭐 했어요?

   나: _____ 도서관에서 시간을 보냈어요.
   (한국어를 공부하다 / 아이들에게 책을 읽히다)

Track 15

1 다음 대화를 듣고 빈칸에 알맞은 말을 쓰세요. 그리고 말해 보세요. 🎧

1) 가: 회사 앞에 _____? 혹시 가 봤어요?

　나: 그럼요. 음식 맛이 좋을 뿐만 아니라 양도 많고 값도 싸요.

2) 가: 도대체 이번 휴가 때 어디 간 거예요? 전화 연락도 안 받고요.

　나: 전화하셨어요? 오랜만에 받은 휴가라서 _____ 고향에 다녀왔어요.

3) 가: 이 사진들 어떻게 보낼까요? _____?

　나: 네. 단톡방에도 올려 주시고 이메일로도 한 번 더 보내 주세요.

4) 가: 얼마 전에 에스엔에스(SNS) 계정을 새로 만들었는데 관리하는 게 보통 일이 아니네요.
　　요즘 매일 글도 쓰고 _____.

　나: 맞아요. 에스엔에스(SNS)를 한번 시작하면 시간과 노력이 많이 들어가는 것 같아요.

Track 16

2 다음을 듣고 물음에 답하세요. 🎧

1) 두 사람은 무엇에 대한 기사를 봤어요?

_____

2) 들은 내용과 같으면 ○, 다르면 X 하세요.

❶ 유명한 에스엔에스(SNS) 스타가 올린 정보는 믿을 만하다. 　　　　　(　　)

❷ 블로그를 통해서 다양한 정보와 사람들을 접할 수 있다. 　　　　　(　　)

❸ 에스엔에스(SNS)가 발달할수록 부작용도 있으니까 이용자가 조심해야 한다. 　(　　)

1 다음은 통계 그래프입니다. 글을 읽고 맞으면 ○, 틀리면 X 하세요.

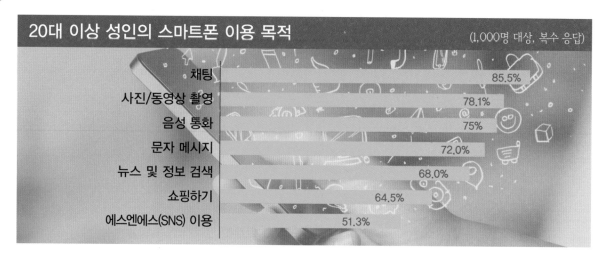

20대 이상 성인의 스마트폰 이용 목적 (1,000명 대상, 복수 응답)

채팅	85.5%
사진/동영상 촬영	78.1%
음성 통화	75%
문자 메시지	72.0%
뉴스 및 정보 검색	68.0%
쇼핑하기	64.5%
에스엔에스(SNS) 이용	51.3%

1) 이 그래프는 스마트폰으로 무엇을 하는지에 대한 조사 결과이다.　　(　　　)

2) 사람들은 스마트폰으로 사진 촬영보다 채팅을 더 많이 한다.　　(　　　)

2 다음은 스마트폰 이용에 대한 신문 기사입니다. 글을 읽고 물음에 답하세요.

　　한국IT연구소에 따르면 65세 이상 성인 중 스마트폰을 가지고 있는 사람이 3.5%에서 36%로 5년 만에 10배 이상 증가한 것으로 나타났다. 같은 기간 동안 스마트폰을 가지고 있는 청소년 수가 9%에서 36.2%로 4배 이상 증가한 것에 비하면, 노인 스마트폰 이용자가 급증했다고 볼 수 있다. 노인들은 스마트폰으로 주로 채팅이나 문자 메시지를 주고받는 것(36.5%)으로 나타났다. 이어서 동영상 시청(20.2%), 기사 검색(16.1%), 음악 듣기(9.2%), TV 시청(5%), 게임(5%) 등 미디어 이용이 많았다. 특히 최근에는 동영상 시청과 기사 검색이 많이 증가했다. 이처럼 노인들이 스마트폰으로 정보를 찾는 일은 많아졌다. 이러한 변화를 고려해서 요즘 마을 복지 센터에서는 노인들을 위해 스마트폰 활용 교육을 실시하고 있다. 앞으로 이러한 교육은 노인뿐만 아니라 스마트폰을 이용하는 모든 사람들에게 중요해질 것이다.

1) 윗글에 나오지 않은 것을 고르세요.
   ❶ 스마트폰 보유율　　　❷ 스마트폰 이용 목적　　　❸ 스마트폰 시장의 미래

2) 윗글의 내용과 같은 것을 고르세요.
   ❶ 5년 만에 스마트폰 교육을 받는 노인의 수가 4배 이상 증가하였다.
   ❷ 65세 이상 노인들은 스마트폰으로 주로 채팅하거나 메시지를 보낸다.
   ❸ 지난 5년 동안 청소년의 스마트폰 보유율이 노인보다 더 많이 증가했다.

다음은 '나의 스마트폰 이용'에 대한 글입니다. 메모를 참고하여 글을 완성하세요.

스마트폰 이용 목적	-보통 채팅이나 전화를 함 -이동할 때 뉴스를 검색하거나 영화를 시청함
스마트폰 이용의 좋은 점	-언제 어디서나 사람들과 소통할 수 있음 -필요할 때마다 정보를 쉽게 찾을 수 있음 -여가 시간을 혼자 즐겁게 보낼 수 있음
스마트폰 이용의 나쁜 점	-사람들과의 깊은 대화가 줄어듦 -스마트폰 중독에 빠질 수 있음
올바른 스마트폰 이용 습관	스마트폰 이용 시간을 정해서 그 시간에만 이용함

나는 얼마 전에 새로 나온 스마트폰으로 바꿨다. 스마트폰이 최신형이어서 그런지 기능도 다양해지고 편리해져서 스마트폰을 더 자주 이용하게 되었다. 나는 보통 스마트폰으로 채팅이나 전화를 하지만 버스를 타고 이동할 때는 1)

                         .

스마트폰이 있으니까 언제 어디서나 사람들과 소통할 수 있다. 또한 필요할 때마다
2)   여가 시간을 혼자 즐겁게 보낼 수 있다.

그런데 스마트폰을 쓸수록 3)   . 또한 시간을 보낼 겸 스마트폰을 하루 종일 손에 들고 있는 때가 많아 스마트폰 중독에 빠질 수 있을 것 같다. 이제부터는 4)   .

9과 사건과 사고

어휘

 관계있는 것을 연결하세요.

1) 팔이 부러졌어요.　　·

2) 이마가 찢어졌어요.　　·

3) 발목을 심하게 삐었어요.　　·

4) 뜨거운 물에 손을 데었어요.　·

· ❶ 꿰매야 해요.

· ❷ 목발을 짚어야 해요.

· ❸ 팔에 깁스를 해야 해요.

· ❹ 흐르는 물로
　　열을 식혀야 해요.

 〈보기〉에서 알맞은 것을 골라 문장을 완성하세요.

| 보기 | 베이다 | 넘어지다 | 떨어지다 | 차에 치이다 | 물에 빠지다 |

1) 공원에서 뛰다가 ＿＿＿＿＿＿아/어서 무릎을 다쳤다.

2) 요리하다가 손가락을 칼에 ＿＿＿＿＿＿아/어서 피가 났다.

3) 사다리 위에서 작업을 하다가 ＿＿＿＿＿＿아/어서 부상을 당했다.

4) 수영을 잘 못하는데 깊은 곳에 들어갔다가 ＿＿＿＿＿＿고 말았다.

3 〈보기〉에서 알맞은 것을 골라 문장을 완성하세요.

> 보기   가해자   피해자   부상자   사망자   용의자

1) 경찰은 유력한 범인으로 의심되는 _____ 김 모 씨를 체포해 조사 중이다.

2) 도서관에서 잠시 자리를 비운 동안 물건을 잃어버린 _____은/는 10명에 달한다.

3) 건물에서 연기가 나자마자 모든 주민이 대피한 덕분에 가벼운 _____만 나왔다.

4) 이번 교통사고를 일으킨 _____은/는 운전면허증을 딴 지 얼마 안 된 사람인 것으로 알려졌다.

5) 오토바이 사고로 목숨을 잃는 _____이/가 늘고 있어 사고를 줄이기 위한 대책 마련이 시급하다.

4 다음 문장에 알맞은 것을 고르세요.

1) 큰돈을 벌게 해 준다며 돈을 빌린 후 갚지 않는 (❶ 사기 사건, ❷ 실종 사건)에 주의해야 한다.

2) 층간 소음을 참지 못해 윗집 사람을 찾아가 폭력을 휘두른 (❶ 방화 사건, ❷ 폭행 사건)이 발생했다.

3) 편의점에서 몰래 물건을 훔치고 달아나다가 붙잡히는 청소년 (❶ 절도 사건, ❷ 강도 사건)이 늘고 있다.

4) 경찰은 길을 건너는 사람을 차로 친 후 그냥 도망친 (❶ 사망 사건, ❷ 뺑소니 사건)의 범인을 쫓고 있다.

문 법

동 –을 뻔하다

1 다음 표를 완성하세요.

기본형	–을 뻔했어요/ㄹ 뻔했어요	기본형	–을 뻔했어요/ㄹ 뻔했어요
죽다	죽을 뻔했어요	찾다	
속다		먹다	
다치다	다칠 뻔했어요	쓰다	
모르다		운동하다	
★울다		★듣다	

2 〈보기〉와 같이 문장을 완성하세요.

> 보기
>
> 길이 너무 미끄러워서 <u>넘어질 뻔했다</u>.
> (넘어지다)

1) 커피를 들고 뛰어오다가 다 _____.
   (쏟다)

2) 버스에서 졸다가 내릴 곳을 _____.
   (놓치다)

3) 휴대 전화를 보면서 걷다가 차에 _____.
   (부딪히다)

4) 아침에 집에서 여유를 부리다가 학교에 _____.
   (늦다)

3 〈보기〉와 같이 대화를 완성하세요.

> 보기
>
> 가: 저 차 속도가 너무 빠른 것 같지 않아요?
>
> 나: 맞아요. 조금 전에도 사고가 날 뻔했어요 .
>   (사고가 나다)

1) 가: 여행 가서 고생했다면서요?

   나: 처음 가는 곳인데 지도도 없이 다니다가 _____.
                                    (길을 잃다)

2) 가: 주말에 이사하느라 힘들었죠?

   나: 말도 마세요. 너무 힘들어서 이사가 끝나고 거의 _____.
                                         (쓰러지다)

3) 가: 이거 품질이 안 좋아서 환불하는 사람이 많은가 봐요.

   나: 그래요? 화면으로 보기에는 싸고 괜찮아 보여서 그냥 _____.
                                              (주문하다)

4) 가: 비행기 시간에 늦지 않았어요?

   나: 겨우 탔어요. 민수 씨가 차로 빠르게 데려다주지 않았으면 _____.
                                                  (비행기를 못 타다)

 으로 인해

1 다음 표를 완성하세요.

기본형	으로 인해/로 인해	기본형	으로 인해/로 인해
고장	고장으로 인해	사용	
지연		사건	
사고	사고로 인해	공사	
안개		증가	
출발		산불	

2 〈보기〉와 같이 문장을 완성하세요.

> 보기
>
> 오랜 <u>가뭄으로 인해</u> 쌀 생산량이 감소되었다.
>   (가뭄)

1) 이번 _____ 도로가 물에 잠겼다.
             (홍수)

2) 짙은 _____ 비행기 출발이 지연되었다.
            (안개)

3) 지하철 _____ 많은 시민들이 불편을 겪고 있다.
             (고장)

4) 케이팝(K-pop)의 _____ 한국에 관심을 가지는 사람들이 늘고 있다.
                 (인기)

3 〈보기〉와 같이 대화를 완성하세요.

> 보기
>
> 가: 엘리베이터가 아직도 수리 중이에요?
> 나: 네. 엘리베이터 <u>수리로 인해</u> 10시까지 이용할 수 없대요.

1) 가: 운동 부족은 모든 병의 원인이 되는 것 같아요.
   나: 네. _____ 성인병에 걸리는 사람이 늘고 있어요.

2) 가: 인터넷의 발달은 우리의 삶을 많이 바꿔 놓은 것 같아요.
   나: 맞아요. _____ 생활이 아주 편리해졌어요.

3) 가: 요즘 젊은 사람들의 취업난이 심각하다면서요?
   나: _____ 일부러 대학 졸업을 늦추는 학생들도 있어요.

4) 가: 왜 이렇게 길이 막히죠? 교통사고가 났나…….
   나: 버스하고 택시가 부딪힌 _____ 길이 많이 막힌대요.

Track 17

1 다음 대화를 듣고 빈칸에 알맞은 말을 쓰세요. 그리고 말해 보세요. 🎧

1) 가: 손가락이 왜 그래요?

나: 요리하다가 칼에 _____.

2) 가: 다리를 다쳤어요?

나: 뼈가 부러져서 한 달 동안 _____.

3) 가: 눈이 와서 길이 미끄럽지요?

나: 네. 너무 미끄러워서 오다가 _____.

4) 가: 지금 엘리베이터를 이용할 수 없나요?

나: _____ 1시간 동안 엘리베이터가 운행되지 않습니다.

Track 18

2 다음을 듣고 물음에 답하세요. 🎧

1) 잠시드 씨는 어디를 다쳤어요?

_____

2) 들은 내용과 같으면 ○, 다르면 X 하세요.

❶ 잠시드는 이제 목발을 짚지 않아도 된다.　　　　　(　　)

❷ 잠시드는 사다리에서 떨어졌다.　　　　　　　　　(　　)

❸ 잠시드는 부상으로 인해 당분간 수업을 들을 수 없다.　(　　)

1 다음은 보이스 피싱 피해 현황 자료입니다. 글을 읽고 내용과 같으면 ○, 다르면 X 하세요.

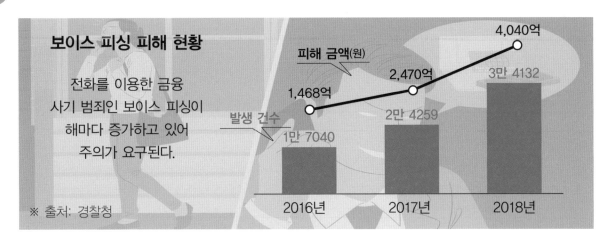

1) 최근 보이스 피싱 피해를 당한 사람이 늘었다. (   )
2) 2018년에 보이스 피싱 피해를 당한 건수는 4,040억에 달한다. (   )

2 다음은 보이스 피싱 피해에 대한 글입니다. 글을 읽고 물음에 답하세요.

> 최근 보이스 피싱으로 인해 고통받는 피해자가 증가하고 있어 주의가 필요하다. 예전에는 금융 기관이나 경찰·검찰, 인터넷 메신저상의 친구라고 속여 피해자에게 돈을 입금하게 하는 것이 일반적이었다. 그런데 최근에는 스마트폰에 앱을 설치하게 하여 피해자의 개인 정보를 알아낸 뒤에 돈을 가져가는 등 사기 방법도 다양해지고 있다. 이렇게 보이스 피싱이 의심되는 전화나 메일, 문자를 받았을 때는 인터넷진흥원에서 운영하는 홈페이지 '보호나라'에 접속하여 신고하면 된다. 또한 모르는 사람이 보낸 문자 메시지나 메일에 포함된 링크는 함부로 클릭하지 않는 것이 좋다. 그 밖에 경찰청과 금감원에서 운영하는 홈페이지 '보이스 피싱 지킴이'에 방문하면 실제 사기범의 목소리, 피해에 대처하는 방법 등을 확인할 수 있다.

1) 윗글에 나오지 않은 것을 고르세요.
   ❶ 보이스 피싱 피해의 유형
   ❷ 보이스 피싱 피해의 발생 비율
   ❸ 보이스 피싱 피해의 대처 방법

2) 윗글의 내용과 같은 것을 고르세요.
   ❶ 최근에는 가해자에게 돈을 직접 입금하는 피해자가 많다.
   ❷ 문자 메시지에 포함된 링크는 일단 클릭해서 확인하는 것이 좋다.
   ❸ 경찰에게 돈을 보내라는 전화를 받으면 사기를 의심해 봐야 한다.

다음은 '화재 사고 경험'에 대한 글입니다. 메모를 참고하여 글을 완성하세요.

사고의 원인은 무엇이었는지?	가스레인지 불을 켜 놓고 슈퍼마켓에 갔다 옴
그때의 상황은 어땠는지?	-아파트 사람들이 밖에 모여 어느 집을 보고 있었음 -집 창문으로 연기가 새어 나오고 있었음 -집 안에 연기가 가득했음 -가스레인지의 불은 꺼져 있었음
결국 어떻게 됐는지?	-내 실수로 인해 큰불이 날 뻔했음 -외출하기 전에 가스레인지 불을 확인함

　　몇 년 전, 집에서 혼자 요리를 하다가 재료가 떨어져서 슈퍼마켓에 다녀온 적이 있다. 슈퍼마켓은 내가 사는 아파트에서 아주 가깝기 때문에 가스레인지 불을 켜 놓고 잠깐 갔다 와도 괜찮을 거라 생각했다. 재료를 사서 아파트 근처에 도착했을 때 사람들이 밖에 모여 1)　　　　　　　　　　　　　　　　　　. 그 집 창문으로 2)　　　　　　　　　　　　　　　. 그런데 사람들이 쳐다보고 있는 곳은 바로 우리 집이었다. 서둘러 집으로 들어가 보니 집 안에 3)　　　　　　　　　　　　　　　가스레인지의 불은 꺼져 있었다. 화재경보기가 울리자마자 아파트 관리실에서 가스를 잠가 준 덕분에 이 정도로 끝났지만 4)　　　　　　　　　　　　. 그 이후로 나는 외출하기 전에 가스레인지 불이 잘 꺼져 있는지 꼭 확인하고 나간다.

10과 언어생활

어휘

1 관계있는 것을 연결하세요.

1) '주십시요'가 맞아요? · · **①** 하하. 동문서답했군요.

2) 어제 먹은 과일 있잖아요. 뭐였죠? · · **②** 아니요. '주십시오'가 맞춤법에 맞아요.

3) 시어머님께 "먹으세요"라고 하면 안 돼요? · · **③** 아, 딸기요? 저도 가끔 단어가 잘 안 떠올라요.

4) 친구가 비자 있냐고 물었는데 피자 없다고 했어요. · · **④** '드세요'라고 해야 돼요. 높임말이 헷갈리죠?

2 〈보기〉에서 알맞은 것을 골라 문장을 완성하세요.

> **보기**   호칭   비속어   표준어   사투리   언어 예절

1) 사람들과 이야기할 때는 서로 존중하면서 _____을/를 잘 지켜야 한다.

2) 그는 평소에 부산말을 쓰지만 공식적인 자리에서는 _____(으)로 말한다.

3) 사람을 부를 때는 두 사람의 관계를 생각하며 알맞은 _____을/를 사용해야 한다.

4) 다른 사람에게 좋지 않은 인상을 줄 수 있는 _____은/는 가능하면 쓰지 않는 것이 좋다.

3 〈보기〉에서 알맞은 것을 골라 문장을 완성하세요.

> **보기**　파괴되다　　확실하다　　일으키다　　공감하다　　섞어 쓰다　　재치가 있다

1) 아나이스 씨는 ＿＿＿＿＿＿＿＿ 말해서 사람들을 즐겁게 한다.

2) 이번에 나온 드라마는 누구나 ＿＿＿＿＿＿＿ 내용을 담고 있다.

3) 자신의 생각을 ＿＿＿＿＿＿＿ 말하지 않으면 상대방이 오해할 수 있다.

4) 나무를 뽑고 산을 깎는 식으로 도시를 개발하면 환경이 ＿＿＿＿＿＿＿.

5) 한국말을 할 때 단어가 안 떠오르면 모국어를 ＿＿＿＿＿＿＿기도 한다.

4 다음 문장에 알맞은 것을 고르세요.

1) 신용 카드를 (❶ 무분별하게, ❷ 의도한 대로) 사용하면 돈을 모을 수 없다.

2) 교육 제도가 자주 바뀌면 학생들 사이에 (❶ 혼란을 일으킬, ❷ 새로운 현상을 표현할) 수 있다.

3) 나이 많은 사람들은 젊은 사람들이 무슨 말을 하는지 반도 (❶ 말이 안 될, ❷ 못 알아들을) 때가 있다.

4) 직장 내에서 다른 사람의 말은 듣지 않고 자기 말만 하는 사람은 동료들과 (❶ 소통이 단절될, ❷ 유행어를 따라 할) 수도 있다.

[동]-고 말다

1 다음 표를 완성하세요.

기본형	-고 말다	기본형	-고 말다
찾다	찾고 말다	먹다	
쓰다		듣다	
가다	가고 말다	주다	
만들다		마시다	
부르다		공부하다	

2 〈보기〉와 같이 문장을 완성하세요.

> 보기
>
> 너무 피곤해서 아침에 늦잠을 <u>자고 말았다</u>.
> (자다)

1) 버스를 타려고 뛰어갔지만 _____.
   (놓치다)

2) 경기에서 열심히 뛰었지만 우리 팀이 _____.
   (지다)

3) 친구와 오해를 풀고 화해하려고 하는데 또 _____.
   (싸우다)

4) 친구가 식당을 하는데 요즘 손님이 없어서 식당 문을 _____.
   (닫다)

3 〈보기〉와 같이 대화를 완성하세요.

> **보기**
>
> 가: 어떻게 하다가 우산을 잃어버렸어요?
>
> 나: 버스에서 급하게 내리다가 <u>우산을 두고 내리고 말았어요</u>.
> (우산을 두고 내리다)

1) 가: 웹 사이트(website) 로그인이 안 돼요?

　　나: 네. 오랫동안 사용을 안 해서 _____.
　　　　　　　　　　　　　　　　(비밀번호를 잊어버리다)

2) 가: 시험 결과가 어떻게 됐어요?

　　나: 이번에는 꼭 합격할 줄 알았는데 _____.
　　　　　　　　　　　　　　　　(1점 차이로 떨어지다)

3) 가: 두 사람 요즘 안 만나는 것 같던데 무슨 일이 있어요?

　　나: 두 사람이 매일 싸우더니 결국 _____.
　　　　　　　　　　　　　　　　(헤어지다)

4) 가: 이메일로 숙제를 냈지요? 그런데 왜 이메일을 두 번 보냈어요?

　　나: 급하게 보내다가 _____.
　　　　　　　　　　　　(첨부 파일을 빠뜨리다)

동 형 –는 척하다

1 다음 표를 완성하세요.

기본형	–는 척하다/–은 척하다/ –ㄴ 척하다	기본형	–는 척하다/–은 척하다/ –ㄴ 척하다
먹다	먹는 척하다	좋다	좋은 척하다
웃다		듣다	
많다		자다	
끄다		바쁘다	바쁜 척하다
모르다		다르다	
운동하다		피곤하다	
재미있다		★길다	
★만들다		★맵다	

2 〈보기〉에서 알맞은 것을 골라 문장을 완성하세요.

보기	없다	맵다	예쁘다	바쁘다	괜찮다

1) 친구가 계속 돈을 빌려 달라고 해서 돈이 _____.

2) 아는 선배가 만들어 준 음식이 매웠지만 안 _____.

3) 친구가 놀러 오라고 했지만 나가기 싫어서 많이 _____.

4) 운동하다가 허리를 다쳤는데 부모님께서 걱정하실까 봐 _____.

3 〈보기〉와 같이 대화를 완성하세요.

> **보기**
> 가: 선물이 마음에 들었어요?
> 나: 아니요. 사실은 별로였는데 그냥 <u>마음에 드는 척했어요</u> .

1) 가: 그 사람은 열심히 일하고 있어요?
   나: 아니요. 사무실에서 계속 졸다가 사장님이 오시면 _____.

2) 가: 뉴스를 다 이해하다니 정말 한국어 실력이 좋아졌네요.
   나: 사실 다 못 알아들었어요. 그냥 _____.

3) 가: 매운 음식을 좋아하는군요.
   나: 아니요. 친구들이 다들 좋아해서 저도 _____.

4) 가: 친구들이 생일 파티 준비한 걸 알았지요?
   나: 네. 하지만 친구들의 마음을 생각해서 _____.

Track 19

1 다음 대화를 듣고 빈칸에 알맞은 말을 쓰세요. 그리고 말해 보세요. 🎧

1) 가: 선생님께서 물으셨는데 질문을 잘못 이해해서 _____.

나: 긴장하면 누구나 그럴 수 있어요.

2) 가: 한국말을 할 때 내가 하는 말이 맞는지 틀리는지 _____.

나: 저도 가끔 그래요.

3) 가: 사람들이 말을 빨리해서 잘못 알아듣는 경우가 많은데 _____.

나: 저도 그런 적이 있어요.

4) 가: 처음 만난 사람을 어떻게 불러야 할지 몰라서 실수한 적이 있어요.

나: _____이 중요해요.

Track 20

2 다음을 듣고 물음에 답하세요. 🎧

1) 안젤라는 지난 토요일에 무엇을 했어요?

_____

2) 들은 내용과 같으면 ○, 다르면 X 하세요.

❶ 안젤라는 준비를 거의 못 해서 실수를 했다. ( )

❷ 안젤라는 고향에 대한 질문을 받았다. ( )

❸ 안젤라는 질문을 잘못 알아듣고 동문서답했다. ( )

1 다음은 온라인 게시판입니다. 글을 읽고 아래 문장의 맞춤법이 맞으면 ○, 다르면 ✕ 하세요.

온라인 게시판

◀ 이전 글 | 다음 글 ▶

질문 '되요'와 '돼요' 중 어느 것이 맞나요?

답변 '돼요'가 맞습니다. '되다'에 '-어요'가 붙은 '되어요'는 줄여서 '돼요'가 됩니다. 그리고 '되었습니다'는 '됐습니다', '되어서'는 '돼서'와 같이 써야 합니다.

1) 벌써 퇴근 시간이 됐습니다.   (   )

2) 여기에서 사진을 찍으면 안 되요.   (   )

2 다음은 한글 맞춤법에 대한 신문 기사입니다. 글을 읽고 물음에 답하세요.

한글 맞춤법은 한국어로 글을 쓸 때 지켜야 할 규칙이다. 맞춤법에 맞게 글을 쓰면 의사소통을 효율적으로 할 수 있다. 예를 들어 '채글일거써요'와 같이 소리 나는 대로 쓰면 이 문장이 무슨 뜻인지 알기 힘들지만 '책을 읽었어요'와 같이 맞춤법과 띄어쓰기를 지켜서 쓴다면 뜻을 쉽게 이해할 수 있을 것이다. 이렇게 한글 맞춤법은 말을 할 때 불필요한 오해와 혼란을 줄이고 언어생활을 효율적으로 하도록 돕는다. 그런데 최근 젊은 사람들이 'ㅇㅇ'이나 '쏘주'와 같이 맞춤법을 일부러 어긴 표현을 쓰는 경우가 늘고 있다. 이런 예들은 빠르게 생각을 전하거나 강한 느낌을 전달할 수 있지만 지나친 사용은 의사소통 실패로 이어질 수도 있으므로 사용에 유의해야 할 것이다.

'ㅇㅇ'은 '응응'을 줄인 것이고 '쏘주'는 '소주'를 강하게 발음하여 쓴 예이다.

1) 윗글에 나오지 않은 것을 고르세요.

❶ 한글 맞춤법의 뜻   ❷ 한글 맞춤법의 역할   ❸ 한글 맞춤법의 학습 방법

2) 윗글의 내용과 같은 것을 고르세요.

❶ 사람들은 글을 쓸 때 한글 맞춤법을 지켜야 한다.

❷ 최근 한글로 글을 쓸 때는 소리 나는 대로 적는다.

❸ 맞춤법을 지키면 다른 사람에게 약한 느낌을 준다.

다음은 '한국어를 사용하면서 어려웠던 경험'에 대한 글입니다. 메모를 참고하여 글을 완성하세요.

무엇이 어려운지?	단어가 어려움
어떤 일이 있었는지?	-단어를 몰라서 말을 못 알아들음 -단어 뜻을 헷갈려서 엉뚱한 말을 함
그래서 어떻게 했는지?	-알아들은 척함 -휴대 전화에서 단어를 찾아서 보여 줌
어떤 노력을 할 것인지?	단어와 문장을 많이 외우고 책을 열심히 읽을 것임

한국에 온 지 1년이 되어 가지만 나는 아직도 한국말이 어렵다. 사회통합프로그램을 들으면서 한국어를 배우지만, 아직 잘 못해서 한국어를 할 때는 스트레스를 받는다. 나에게는 특히 1)   . 단어를 잘 몰라서 말을 잘 못 알아들을 때도 있고 단어 뜻을 헷갈려서 2)   때도 있다. 그래서 다른 사람 말을 못 알아들었지만 알아들은 척할 때도 있다. 또 사람들이 내 말을 못 알아들을 때는 휴대 전화에서 3)   . 이런 일들이 계속되니까 한국어로 말할 때마다 내 말이 맞는지 걱정이 된다. 앞으로 열심히 공부해서 한국어를 잘하고 싶다. 특히 4)   .

11과 교육 제도

어휘

1 관계있는 것을 연결하세요.

1) 공교육 •

2) 사교육 •

3) 인성 교육 •

4) 주입식 교육 •

• ❶ 많은 양의 정보, 지식을 암기하는 수업을 강조한다.

• ❷ 올바른 마음이나 태도를 갖는 것을 목표로 한다.

• ❸ 국가의 교육 제도에 따라 학교에서 이루어지는 교육이다.

• ❹ 공교육을 보충하기 위해서 학교 밖에서 행해지는 교육이다.

2 〈보기〉에서 알맞은 것을 골라 문장을 완성하세요.

| 보기 | 과외 | 교육열 | 성적 | 입시 경쟁 | 학업 스트레스 |

1) 대학교 중에서도 유명하고 좋은 대학일수록 _____이/가 치열하다.

2) 특히 고3 학생들은 대학 입학시험을 준비하느라 _____이/가 심하다.

3) 학생들은 더 높은 성적을 받기 위해서 주말에도 학교 밖에서 _____을/를 받는다.

4) 자녀를 좋은 대학에 보내고 싶은 마음에 학부모들의 _____이/가 점점 높아지고 있다.

3 〈보기〉에서 알맞은 것을 골라 문장을 완성하세요.

> **보기**   검정고시   대학 수학 능력 시험(수능)   재수   특별 전형   학력   학제

1) 성민이는 일 년 _____ 끝에 원하는 대학에 합격해서 다니고 있다.

2) 고등학교 이상의 _____을/를 가진 사람만이 대학 수학 능력 시험에 응시할 수 있다.

3) 고등학교를 다니지 못했어도 _____을/를 통해 대학 입시 자격을 얻을 수 있다.

4) 외국인 특기자, 다문화 가정 자녀, 농어촌 자녀 등은 _____(으)로 대학에 지원할 수 있다.

5) 한국의 _____은/는 초등학교 6년, 중학교 3년, 고등학교 3년, 대학교 4년 또는 2년으로 되어 있다.

4 다음 문장에 알맞은 것을 고르세요.

1) 사람의 능력보다 학력을 (❶ 중시하는, ❷ 의지하는) 사회 구조는 개선되어야 한다.

2) 학부모들은 (❶ 유창한, ❷ 정확한) 대학 입시 정보를 얻기 위해 입시 설명회에 간다.

3) 대안 학교에서는 학생들의 개성을 살린 교육 프로그램을 자율적으로 (❶ 운영한다, ❷ 보충한다).

4) 요즘 취직 시험에 (❶ 대비하기, ❷ 배정받기) 위해 매일 주중에는 학원, 주말에는 도서관에 다닌다.

명 조차

1 다음 표를 완성하세요.

기본형	조차	기본형	조차
이름		친구	친구조차
읽기		서 있기	
자는 것	자는 것조차	도와주기	
쉼		바람	
기다리기	기다리기조차	먹는 것	

2 〈보기〉와 같이 문장을 완성하세요.

> 보기
>
> 일하느라 바빠서 고향에 __전화 한 통조차__ 못했다.
> (전화 한 통)

1) 너무 피곤해서 _____ 귀찮다.
(씻기)

2) 요즘 돈이 없어서 _____ 낼 수 없다.
(월세)

3) 이삿짐을 옮겼더니 손이 아파서 _____ 힘들다.
(숟가락을 드는 것)

4) 여행 중에 초등학교 동창을 만날 줄은 _____ 못했다.
(상상)

5) 어릴 때 살았던 동네가 어떤 모습이었는지 지금은 _____ 안 난다.
(기억)

3 〈보기〉와 같이 대화를 완성하세요.

> **보기**
>
> 가: 한국어뿐만 아니라 프랑스어도 잘하신다면서요?
>
> 나: 아니요. 프랑스어는 배운 지 오래돼서 <u>알파벳조차</u> 생각나지 않아요.
> (알파벳)

1) 가: 지난번에 싸웠던 그 사람하고 화해했어요?

　　나: 아니요. 정말 그 사람하고는 ＿＿＿＿＿＿＿＿＿＿ 싫어요.
　　　　　　　　　　　　　　　　(말하는 것)

2) 가: 엊그제 등산하다가 다친 다리는 좀 어때요?

　　나: 더 심해진 것 같아요. 지금은 ＿＿＿＿＿＿＿＿＿ 힘들 정도예요.
　　　　　　　　　　　　　　　　　　(걷기)

3) 가: 새로 이사 간 동네에는 잘 적응하고 있어요?

　　나: 아니요. 밤늦게 집에 들어가는 경우에는 가끔 ＿＿＿＿＿＿＿＿ 못 찾을 때가 있어요.
　　　　　　　　　　　　　　　　　　　(골목 입구)

4) 가: 이번 주말에 소개팅할래요? 잠시드 씨한테 딱 어울리는 사람이 있는데…….

　　나: 정말요? 저도 좋은데 이번 주는 ＿＿＿＿＿＿＿＿ 없이 바빠요. 다음 주말은 어때요?
　　　　　　　　　　　　　　　　　(밥 먹을 시간)

동 형 **-기 마련이다**

1 다음 표를 완성하세요.

기본형	-기 마련이다	기본형	-기 마련이다
보다		늦다	늦기 마련이다
이기다		힘들다	
살다		크다	크기 마련이다
성공하다	성공하기 마련이다	나빠지다	
잡히다		외롭다	
낫다		익숙해지다	
끝나다		많다	

2 〈보기〉에서 알맞은 것을 골라 문장을 완성하세요.

> 보기   멀어지다   성공하다   정이 들다   후회하다   이해하다

1) 노력하는 사람이 _____.

2) 멀리 떨어져 있으면 마음도 _____.

3) 오랜 시간을 함께하게 되면 _____.

4) 계획 없이 쉽게 결정하면 나중에 _____.

3 〈보기〉와 같이 대화를 완성하세요.

> 보기   가: 벌써 4단계인데 아직도 한국어 발음은 어려워요.
>
> 나: 그래도 포기하지 말고 반복 연습해 보세요. <u>뭐든지 자꾸 하면 좋아지기 마련이에요.</u>
> (뭐든지 자꾸 하면 좋아지다)

1) 가: 봄이 되니까 입맛이 없네요. 배는 고픈데 먹고 싶은 것이 없어요.

   나: _____. 그래도 식사 잘 챙겨 드세요.
   (계절에 따라 입맛도 변하다)

2) 가: 요즘 제이슨 씨 표정이 밝아진 것 같아요. 잘 웃기도 하고요.

   나: 혹시 연애하는 거 아니에요? _____.
   (사람은 사랑을 하면 아름다워지다)

3) 가: 우리 성민이 때문에 고민이에요. 부모 마음도 몰라주고 말도 안 듣네요.

   나: 좀 더 크면 괜찮아질 거예요. _____.
   (나이가 들면 철이 들다)

4) 가: 라민 씨는 자기 기말 보고서를 제가 따라 썼다고 오해하고 있어요. 아무리 말해도 안 믿어요.

   나: 시간을 갖고 기다려 보세요. _____.
   (진실은 밝혀지다)

Track 21

1 다음 대화를 듣고 빈칸에 알맞은 말을 쓰세요. 그리고 말해 보세요. 🎧

1) 가: 고천 씨, 아이 학교 문제 결정하셨어요?

나: 아직 고민 중인데 대안 학교로 보내는 게 좋을 것 같아요.

대안 학교는 _____ 점이 마음에 들어요.

2) 가: 처음 한국 생활을 시작했을 때 힘드셨죠? 이제 한국 생활에 좀 적응하셨어요?

나: 지금은 괜찮지만 처음에는 힘들었어요. 말이 안 통해서 _____.

3) 가: 이번에 다른 회사에서 이직 제안을 받았는데 망설이다가 기회를 놓쳤어요.

나: 아깝네요. 그래도 준비가 되어 있으면 _____.

그때는 기회를 꼭 잡으세요.

4) 가: 한국은 _____.

나: 맞아요. 예전에도 경쟁이 심했는데 요즘은 점점 더한 것 같아요.

Track 22

2 다음을 듣고 물음에 답하세요. 🎧

1) 두 사람은 무엇에 대해 이야기하고 있습니까?

_____

2) 들은 내용과 같으면 ○, 다르면 X 하세요.

❶ 요즘 초등학생들은 학교 수업 후에 학원에 다니기도 한다. (　　　)

❷ 학력을 중시하는 사회에서는 사교육이 많이 이루어질 수밖에 없다. (　　　)

❸ 부모들은 아이들 때문에 우울증에 걸리거나 두통과 소화 장애를 갖는다. (　　　)

1 다음은 통계표입니다. 글을 읽고 맞으면 ○, 틀리면 X 하세요.

수능 시험 현황

단위: 명

	응시 총원	재학생	재수생	검정고시 등
올해	646,190	495,027	131,538	14,054
지난해	657,470	509,081	127,634	14,032

1) 수능 시험에서 재수생은 작년보다 올해 더 많아졌다.   (　　　)

2) 수능 시험을 본 학생 중에서 재학생의 비율이 가장 크다.   (　　　)

2 다음은 고입 검정고시 합격에 대한 기사입니다. 글을 읽고 물음에 답하세요.

중도 입국 자녀 4명, 고입 검정고시 합격

　올해 고등학교 입학 검정고시에서 중도 입국 자녀 4명이 합격해서 눈길을 끌고 있다. 이들은 자국에서 태어나 살다가 아버지 또는 어머니가 한국 사람과 결혼하면서 부모와 함께 한국에 온 지 1년에서 1년 6개월밖에 안 된 학생들이다.

　네 명의 중도 입국 자녀들은 처음 한국에 왔을 때는 한국어를 전혀 하지 못했다. 하지만 다문화 청소년 학교에 다니면서 한국어뿐만 아니라 영어, 예체능 수업을 받을 수 있었다. 또한 한국 학생들로부터 일대일로 학습 도움을 받으면서 짧은 시간 동안 한국어, 한국 문화, 검정고시 준비에 빨리 적응할 수 있었다.

　내년에 일반 고등학교에 입학할 예정인 학생들은 "학교 선생님들과 자원봉사자들, 근처 학교의 또래 학생들 덕분이다."라고 하면서 "이분들이 없었다면 (　　㉠　　)."라고 감사의 인사를 전했다.

1) 윗글의 내용과 같은 것을 고르세요.
  ❶ 중도 입국 학생들은 올해 부모님과 함께 한국에 들어왔다.
  ❷ 중도 입국 학생들은 고등학교에 다니면서 한국어를 배웠다.
  ❸ 중도 입국 학생들은 한국 학생들 덕분에 한국 문화에 적응하였다.

2) ㉠에 들어갈 알맞은 말을 고르세요.
  ❶ 중학교 졸업을 생각도 못했을 것이다
  ❷ 검정고시에 응시조차 못했을 것이다
  ❸ 대학에 입학하지 못했을 것이다

다음은 '한국의 대학 입시 제도'에 대한 글입니다. 메모를 참고하여 글을 완성하세요.

한국의 대학 입시	지원 자격 , 모집 시기, 평가 기준과 방법이 다름
대학 입학 전형	-일반 전형은 국가의 일반적인 교육 과정을 수행한 학생들을 대상으로 실시 -특별 전형은 대학이 정한 특별한 자격 기준에 따라 신입생을 선발 -특별 전형에는 외국어나 예체능 특기자를 위한 '특기자 전형'과 국가 유공자, 다문화 가정 자녀를 위한 '사회 배려자 전형' 등이 있음
대학 입학 모집	-정시 모집은 주로 수학 능력 시험(수능) 성적을 중심으로 선발 -수시 모집은 수능 외에 학교 생활 기록부, 면접, 실기 시험 등으로 신입생을 선발

　한국에서 대학교에 입학하는 방법에는 여러 가지가 있다. 학생들은 지원 자격이나 모집 시기, 평가 기준과 방법에 따라서 자신에게 맞는 학교, 학과에 지원할 수 있다.

　대입 전형은 크게 일반 전형과 특별 전형으로 나뉜다. 일반 전형은 1)＿＿＿＿＿＿＿ ＿＿＿＿＿＿＿＿＿＿＿＿＿＿＿＿＿＿＿＿＿＿＿. 또한 특별 전형은 대학이 정한 특별한 자격 기준에 따라 신입생을 선발한다. 특별 전형에는 특기자 전형, 사회 배려자 전형 등이 있다. '특기자 전형'은 외국어나 예체능 특기자가 지원할 수 있고, '사회 배려자 전형'에는 2)＿＿＿＿＿＿＿＿＿＿＿＿＿＿＿＿＿.

　대학 입학 모집에는 3)＿＿＿＿＿＿＿＿＿＿＿＿＿＿. 정시 모집은 주로 대학 수학 능력 시험(수능) 성적을 중심으로 학생을 선발한다. 또한 수시 모집은 수능 외에 4)＿＿＿＿＿＿＿＿＿＿＿＿.

12과 선거와 투표

어휘

1 관계있는 것을 연결하세요.

1) 투표 •

2) 후보자 •

3) 유권자 •

4) 선거 운동 •

• ❶ 선거에 참여할 권리를 가지고 있는 사람이에요.

• ❷ 선거에서 뽑고 싶은 사람을 정한 후에 표시해요.

• ❸ 대통령이나 국회 의원이 되기 위해서 선거에 나온 사람이에요.

• ❹ 선거에서 뽑히기 위해 포스터를 붙이거나 명함을 나눠 줘요.

2 〈보기〉에서 알맞은 것을 골라 문장을 완성하세요.

| 보기 | 당선되다 | 지지하다 | 개표하다 | 참여하다 | 공약을 하다 |

1) 선거가 끝나면 사람들이 모여서 _____.

2) 후보자들은 국민들에게 여러 가지 _____.

3) 그 사람은 젊은 나이에 국회 의원에 _____.

4) 많은 사람들이 정부의 다문화 정책을 _____.

3 다음 문장에 알맞은 것을 고르세요.

1) 시민들은 민주적 리더십이 뛰어난 사람을 (❶ 선호한다, ❷ 차별한다).

2) 김영수 씨는 이번 선거에서 (❶ 지속적인, ❷ 압도적인) 승리를 거두었다.

3) 관리자는 모든 일을 직원들과 (❶ 의논하여, ❷ 비판하여) 결정해야 한다.

4) 이번 경력직 사원 모집에서는 근무 경험이 (❶ 풍부한, ❷ 풍성한) 사람을 찾고 있다.

5) 그는 지도자가 (❶ 책임져야 할, ❷ 갖추어야 할) 자격으로 행정 경험과 전문성을 들었다.

4 〈보기〉에서 알맞은 것을 골라 문장을 완성하세요.

| 보기 | 도덕성 | 판단력 | 전문성 | 추진력 | 소통 능력 |

1) 중요한 일을 결정할 때 정확한 _____이/가 필요하다.

2) 이 후보자는 훌륭한 인품을 가지고 있어서 _____에 문제가 없다.

3) 그 사람은 소극적인 성격이라서 일을 빠르게 진행하는 _____이/가 부족하다.

4) 우리 회사는 인공 지능(AI) 기술 분야에 대한 _____을/를 갖춘 인재를 모집하고 있다.

동 -나 보다, 형 -은가 보다

1 다음 표를 완성하세요.

기본형	-나 보다	기본형	-은가 보다/ㄴ가 보다
먹다	먹나 보다	작다	작은가 보다
가다		높다	
일하다		바쁘다	바쁜가 보다
듣다		싸다	
있다		성실하다	
사귀다		★길다	
★만들다		★가깝다	

2 〈보기〉와 같이 문장을 완성하세요.

> 보기
>
> 한국 음식을 자주 먹네요. 한국 음식을 <u>좋아하나 봐요</u>.
> (좋아하다)

1) 옆집이 좀 시끄럽네요. 집을 _____.
   (수리하다)

2) 아까 배고프다고 하더니 간식을 _____.
   (만들다)

3) 라민 씨 얼굴이 안 좋은 걸 보니 시험을 _____.
   (망쳤다)

4) 두 사람이 친하게 지내더니 요즘 말을 안 해요. 둘이 _____.
   (싸웠다)

3 〈보기〉와 같이 대화를 완성하세요.

> 보기
> 가: 잠시드 씨가 요즘 안 보이네요.
> 나: 회사가 많이 <u>바쁜가 봐요</u>. 저도 잘 못 만나요.

1) 가: 식당 앞에 사람들이 줄을 서 있네요.

   나: 이 식당 음식이 _____. 우리도 가 봐요.

2) 가: 이링 씨가 감기에 걸렸다고 들었어요. 오늘도 출근 안 했어요?

   나: 네, 전화도 안 받아요. 많이 _____.

3) 가: 길이 왜 이렇게 막히죠?

   나: 저기에 차들이 서 있는 걸 보니 _____.

4) 가: 새로 시작한 드라마가 _____. 사람들이 모두 그 드라마 이야기만 해요.

   나: 요즘 그 드라마가 시청률 1위래요.

명 이야말로

1 다음 표를 완성하세요.

기본형	이야말로/야말로	기본형	이야말로/야말로
공약		사랑	사랑이야말로
한글		투표	
친구	친구야말로	지금	
후보자		컴퓨터	
아리랑		제주도	

2 〈보기〉와 같이 문장을 완성하세요.

> 보기
>
> <u>지금이야말로</u> 최선을 다해야 할 때이다.
>   (지금)

1) _____ 내가 가장 존경하는 분이다.
   (부모님)

2) _____ 현대 생활에서 없어서는 안 되는 필수품이다.
   (컴퓨터)

3) _____ 성공하기 위해서 꼭 필요한 것이라고 생각한다.
   (자신감)

4) _____ 그 나라의 문화를 체험하고 배울 수 있는 좋은 기회이다.
   (여행)

3 〈보기〉와 같이 대화를 완성하세요.

> 보기
>
> 가: 건강을 지키기 위해 가장 필요한 것이 뭐예요? (운동)
>
> 나: <u>운동이야말로 건강을 지키기 위해 가장 필요한 것이에요</u>.

1) 가: 회사를 선택할 때 가장 중요한 게 뭐예요? (근무 조건)

   나: _____.

2) 가: 집을 구할 때 가장 중요하게 생각하는 것이 뭐예요? (교통)

   나: _____.

3) 가: 인생에서 가장 기억에 남는 날이 언제예요? (고등학교 졸업식)

   나: _____.

4) 가: 대통령을 뽑을 때 가장 중요한 것이 뭐라고 생각해요? (공약)

   나: _____.

Track 23

1 다음 대화를 듣고 빈칸에 알맞은 말을 쓰세요. 그리고 말해 보세요. 🎧

1) 가: 와, 박수 소리가 큰데요.

나: 네, 저 후보자를 지지하는 사람이 _____.

2) 가: 저 후보자의 공약 중에서 경제 관련 공약이 마음에 드네요.

나: 네, 저도 봤어요. 저분 _____ 제가 바라던 거예요.

3) 가: 길이 왜 이렇게 막히죠?

나: 저기 경찰들이 와 있는 걸 보니 _____.

4) 가: 어떤 사람이 당선되었으면 좋겠어요?

나: 저는 _____ 많고 국민들과 _____ 되었으면 좋겠어요.

Track 24

2 다음을 듣고 물음에 답하세요. 🎧

1) 두 사람은 무엇을 보고 있습니까?

_____

2) 들은 내용과 같으면 〇, 다르면 Ｘ 하세요.

❶ 여자는 이번에 처음 투표를 한다. ( )

❷ 후보자는 지지율이 높아야 연설을 할 수 있다. ( )

❸ 남자는 경력이 풍부한 후보자를 찾고 있다. ( )

읽기

1 다음은 선거 안내 포스터입니다. 글을 읽고 맞으면 ○, 틀리면 X 하세요.

다가오는 21대 국회 의원 선거

후보자 정책 공약! 꼼꼼하게 확인하고 소중한 한 표 행사하세요!

사전 투표일 2020. 4. 10.(금)~4. 11.(토) 오전 6:00~오후 6:00
선 거 일 2020. 4. 15.(수) 오전 6:00~오후 6:00

중앙선거관리위원회

1) 윗글은 국회 의원 선거 공약을 안내하는 포스터이다. (   )

2) 국회 의원을 뽑는 투표는 4월 15일에만 할 수 있다. (   )

2 다음은 선호하는 공약에 대한 설문 조사 결과입니다. 글을 읽고 물음에 답하세요.

　　국회 의원 선거를 앞두고 만 18세 이상 유권자 1,000명을 대상으로 연령대별 선호하는 공약에 대한 설문 조사를 실시하였다. 그 결과 만 18~29세는 청년 실업 해결 및 내 집 마련을 중요하게 생각하는 것으로 나타났다. 30대는 높은 집값 해결을, 40대와 50대는 국민 생활의 향상이 중요하다고 응답했다. 60대 이상은 고령화 사회 문제에 대한 대책 마련이 가장 필요하다고 보았다. 이번 조사를 통해 유권자의 관심이 생활 문제 해결에 있음을 알 수 있었다. 국민들은 정치인이 머릿속으로만 생각하는 공약이 아닌, 유권자에게 필요한 공약을 제시해야 한다고 강조했다. 생활 안정이야말로 모든 국민이 원하는 공약인 만큼 국회 의원 후보자들은 공약에 대해 다시 한번 생각해 보아야 할 것이다.

1) 윗글의 내용과 같으면 ○, 다르면 X 하세요.

❶ 이 조사를 통하여 국회 의원들이 제시한 선거 공약을 알 수 있다. (   )

❷ 유권자들은 정치인이 일방적으로 내세운 공약에 대해 긍정적이다. (   )

2) 윗글의 내용과 같은 것을 고르세요.

❶ 20대와 30대는 집 문제보다는 실업 문제에 관심이 있다.

❷ 40대와 50대는 내 집 마련과 집값 안정이 중요하다고 생각한다.

❸ 60대 이상은 고령화 사회에서 생기는 문제가 해결되기를 원한다.

다음은 '직장에서 함께하고 싶은 리더'에 대한 글입니다. 메모를 참고하여 글을 완성하세요.

리더의 중요성은?	-리더는 직장에서 전체를 이끌어 가는 위치에 있음 -리더는 직장의 미래를 결정하고 모든 구성원들에게 영향을 미침
리더에게 필요한 자질은?	-가장 적절한 선택을 할 수 있는 판단력이 있어야 함 -목표에 대한 책임감이 있어야 함
선호하는 리더십의 유형은?	-직장 구성원들과 함께 만들어 가는 리더십을 선호함 -목표에 대한 방향을 정해 줄 수 있는 리더십을 원함

　　리더는 직장에서 전체를 이끌어 가는 위치에 있는 사람이다. 리더가 중요한 이유는

1)

　　　　　　　　　　　　　　　. 리더에게는 여러 자질이 요구되는데 가장 중요한

자질은 판단력과 책임감이다. 여러 선택 중에서 가장 적절한 선택을 할 수 있는 판단력이

있어야 한다. 또한 목표에 대한 책임감도 있어야 한다. 최근 직장인들이 선호하는

리더십은 다음과 같다. 2)　　　　　　　　　　　　　　　　.

그리고 3)　　　　　　　　　　　　　　　　　　　　.

　　리더야말로 직장에서 아주 중요한 역할을 하는 사람이다. 그런 만큼 직장 구성원들이

믿고 따를 수 있는 리더십을 갖추도록 노력을 해야 할 것이다.

13과 환경 보호

어휘

1 관계있는 것을 연결하세요.

1) 대기 오염 •

2) 수질 오염 •

3) 일회용품 •

4) 대체 에너지 •

• ❶ 미세 먼지가 심해서 마스크를 써야 해요.

• ❷ 우리 집은 태양열 에너지로 난방을 해결해요.

• ❸ 더러운 물 때문에 물고기가 떼죽음을 당했어요.

• ❹ 배달 음식에 나무젓가락, 플라스틱 숟가락이 함께 왔어요.

2 〈보기〉에서 알맞은 것을 골라 문장을 완성하세요.

> **보기**
>
> 배기가스를 줄이다 차량 2부제를 실시하다 쓰레기 종량제를 실시하다
> 친환경 세제를 사용하다 토양 오염이 발생하다

1) 이곳은 쓰레기봉투를 구입해 물건을 버리는 _____고 있어요.

2) 요즘 설거지를 할 때 환경을 생각해 _____기 시작했어요.

3) 농작물 주위에 뿌려진 농약과 땅에 묻은 쓰레기 때문에 _____.

4) 저는 자동차를 사용하면서 나오는 _____기 위해 가까운 거리는 걸어서 다녀요.

3 〈보기〉에서 알맞은 것을 골라 문장을 완성하세요.

> 보기   지구 온난화   폭우   폭설   가뭄   이상 기후

1) 갑자기 추워진 날씨로 _____이/가 내려 교통이 마비되었다.

2) 매년 지구의 온도가 높아지고 있는 것은 _____ 현상 때문이다.

3) 4월이지만 며칠 동안이나 눈이 내리는 _____이/가 나타나고 있다.

4) 한 달 이상 비가 오지 않는 등 심한 _____(으)로 주변의 땅이 갈라졌다.

4 다음 문장에 알맞은 것을 고르세요.

1) 매년 환경 단체는 환경 오염의 심각성을 (❶ 경고하고, ❷ 대응하고) 있다.

2) 지구의 기온이 (❶ 분리하면서, ❷ 상승하면서) 많은 기후 변화가 일어나고 있다.

3) 기업들은 힘든 상황 속에서도 힘을 모아 어려움을 (❶ 극복하고, ❷ 생존하고) 있다.

4) 앞이 보이지 않을 정도로 미세 먼지가 (❶ 실감 나서, ❷ 심각해서) 마스크를 벗을 수가 없다.

동-는 한

1 다음 표를 완성하세요.

기본형	-는 한	기본형	-는 한
먹다	먹는 한	쓰다	
가다		없다	
듣다		찾다	
말하다		지키다	지키는 한
★살다		모르다	

2 〈보기〉와 같이 문장을 완성하세요.

> 보기
>
> 특별한 <u>일이 없는 한</u> 수업에 꼭 참석해야 해요.
> (일이 없다)

1) 자신이 _____ 계속 행복할 거예요.
(좋아하는 일을 하다)

2) 외국에서 살고 있지만 _____ 외롭지 않을 거예요.
(친구들이 옆에 있다)

3) 월급을 받아서 계속 _____ 돈을 모으기 어려워요.
(사고 싶은 물건을 사다)

4) 부모가 아이를 _____ 바르고 성실한 아이로 성장할 거예요.
(믿고 응원하다)

3 〈보기〉와 같이 대화를 완성하세요.

> 보기
>
> 가: 시간이 많이 늦었는데 아직 안 자요?
>
> 나: 네. 오늘 이 일을 <u>끝내지 않는 한</u> 잘 수 없을 것 같아요.
>   (끝내지 않다)

1) 가: 라민 씨, 다음 학기에도 한국어 공부를 계속할 거예요?

   나: 네. _____ 한국어 공부를 계속할 거예요.
              (비자 연장에 문제가 없다)

2) 가: 가족들과 함께 행복하게 사는 게 제 꿈이에요.

   나: 지금처럼 _____ 그 꿈을 이룰 수 있을 거예요.
              (열심히 노력하다)

3) 가: 친구와 화해했어요?

   나: 아니요. 친구가 먼저 _____ 화해하지 않을 거예요.
              (사과하지 않다)

4) 가: 요즘 사람들이 환경 보호에 관심이 많은 것 같아요.

   나: 맞아요. 사람들이 환경 보호에 _____ 더 이상 환경 오염이 심해지지 않을 거예요.
              (계속 관심을 가지다)

동-도록

1 다음 표를 완성하세요.

기본형	-도록	기본형	-도록
먹다	먹도록	쓰다	
웃다		가다	
듣다		하다	하도록
씻다		줄이다	
만들다		지나가다	

2 〈보기〉와 같이 문장을 완성하세요.

> 보기
> 사회통합프로그램 <u>중간 평가에 합격하도록</u> 지금부터 준비를 하세요.
>   (중간 평가에 합격하다)

1) 아기가 _____ 부드럽게 만들었어요.
      (음식을 잘 먹다)

2) 아이가 이 _____ 높은 곳에 올려 두세요.
      (유리병을 열지 않다)

3) 신입 사원이 회사에 _____ 선배들이 도와주세요.
      (잘 적응하다)

4) 발표를 할 때 사람들이 _____ 그림 자료도 함께 보여 주세요.
      (쉽게 이해하다)

3 〈보기〉와 같이 대화를 완성하세요.

> 보기
> 가: 세계인의 날 말하기 대회 준비는 잘 하고 있어요?
> 나: 네. 대회에서 <u>실수하지 않도록</u> 매일 연습하고 있어요.
>   (실수하지 않다)

1) 가: 요즘 밤늦게 밥을 먹었더니 살이 쪄서 고민이에요.
   나: 더 이상 _____ 식사 시간을 바꿔 보세요.
         (살이 찌지 않다)

2) 가: 감기가 빨리 낫지 않아서 걱정이에요.
   나: 큰일이네요. _____ 병원에 가 보세요.
         (감기가 빨리 낫다)

3) 가: 왜 플라스틱, 종이, 병을 따로 버려요?
   나: 이 쓰레기들을 _____ 따로 버리는 거예요.
         (재활용할 수 있다)

4) 가: 회사에서 동료들과 한국어로 이야기를 하고 싶은데 어려워요.
   나: 동료들과 한국어로 _____ 드라마를 보면서 말하기 연습을 많이 해 보세요.
         (자연스럽게 이야기할 수 있다)

Track 25

1 다음 대화를 듣고 빈칸에 알맞은 말을 쓰세요. 그리고 말해 보세요. 🎧

1) 가: 오래전부터 많은 회사가 석유 대신 쓸 수 있는 _____ 노력했대요.

　　 나: 그래서 요즘 뉴스에 전기 자동차 소식이 많은가 봐요.

2) 가: 어렸을 때는 하늘이 정말 깨끗했는데 요즘은 그런 하늘을 보기 힘드네요.

　　 나: 맞아요. _____ 깨끗한 하늘은 볼 수 없을 것 같아요.

3) 가: 개인 컵을 항상 들고 다녀요?

　　 나: 환경 보호를 위해 _____ 한 뒤부터는 계속 들고 다니고 있어요.

4) 가: 한국에 처음 왔을 때 쓰레기봉투를 사용하는 것이 신기했어요.

　　 나: 그랬군요. 한국은 _____ 음식 쓰레기와 일반 쓰레기를 각각 다른
　　　　 봉투에 넣어서 버리게 되었어요.

Track 26

2 다음을 듣고 물음에 답하세요. 🎧

1) 여자는 무엇을 샀습니까?

　　 _____

2) 들은 내용과 같으면 ○, 다르면 X 하세요.

　　 ❶ 남자는 대기 오염으로 건강에 문제가 생겼다. 　　　(　　)

　　 ❷ 거리에 마스크를 쓰지 않은 사람들이 많다. 　　　(　　)

　　 ❸ 여자는 환경 보호에 관심을 가질 것이다. 　　(　　)

1 다음은 '소등 행사' 포스터입니다. 포스터를 읽고 내용이 같으면 ○, 다르면 X 하세요.

지구를 구하는 작은 행동

'10분 동안 불을 끕시다'

일시: 4월 22일 오후 8:00~8:10
장소: 공공건물 및 일반 가정

1) 이 행사는 매일 8시부터 10분간 진행된다. (   )

2) 이 행사에 참여하려면 집의 불을 꺼야 한다. (   )

2 다음 글을 읽고 물음에 답하세요.

여러 기업에서 다양한 방법으로 환경 보호에 힘쓰고 있어 사람들의 눈길을 끌고 있다. 최근 주목받는 기업의 환경 보호 사례를 살펴보자. 한 자동차 기업은 분리수거함에 점수판을 설치해서 쓰레기를 제대로 버릴 때마다 높은 점수가 나타나도록 했다. 그러자 분리수거함에 분리배출을 정확하게 하는 사람들이 늘어났고 많은 사람들의 참여를 높이고 있다. 또 일회용 플라스틱 컵 사용이 많은 커피 회사들은 개인 컵을 사용하는 손님들에게 할인 및 쿠폰 제공 혜택을 주어 일회용 컵의 사용을 줄이도록 한다. 이외에도 상품 포장 회사들은 포장에 필요한 상자들을 친환경 종이로 바꾸고 있고, 한 의류 회사에서는 버려지는 옷들을 재활용해 새로운 디자인의 옷으로 만들고 있다. 이처럼 적극적인 회사의 노력들은 지속 가능한 환경을 만드는 데에 기여할 것으로 기대된다.

1) 윗글에 나오지 않은 것을 고르세요.

❶ 환경 보호 방법   ❷ 쓰레기 처리의 어려움   ❸ 환경 보호로 받는 혜택

2) 윗글의 내용과 같은 것을 고르세요.

❶ 분리수거함에 쓰레기를 많이 버리면 높은 점수를 받는다.

❷ 환경 보호를 위해 포장 상자를 친환경적으로 재활용한다.

❸ 일회용 컵을 사용하는 것보다 개인 컵을 사용할 때 혜택이 많다.

1 다음은 '생활 속 환경 보호 실천'에 대한 글입니다. 메모를 참고하여 글을 완성하세요.

환경 보호를 하는 이유는?	-환경이 오염되면 삶의 질이 낮아짐 -같이 살아가고 있는 생명체가 위협을 받게 될 것임
환경 오염의 종류는?	대기 오염, 수질 오염, 토양 오염 등
환경 오염 원인은?	-대기 오염: 자동차 배기가스 -수질 오염: 생활 하수, 공장 폐수 -토양 오염: 분해되지 않는 플라스틱 같은 쓰레기
어떤 노력이 필요한가?	-자전거나 대중교통을 이용, 샴푸 및 세제 사용 줄이기 -일회용품이나 플라스틱 사용도 줄이기

환경이 오염되면 사람들의 삶의 질이 낮아질 뿐만 아니라 1)_____

_____. 이러한 환경에 살아갈 미래의 사람들 역시 고통을 받을

것이다. 대표적인 환경 오염으로는 2)_____. 대기 오염은

자동차 배기가스나 공장 매연으로 생기며 3)_____.

분해되지 않는 플라스틱 같은 쓰레기는 토양 오염의 원인이 된다. 이러한 환경 오염을 막기

위해서 우리가 생활 속에서 쉽게 실천할 수 있는 일들이 있다. 먼저 가까운 거리는

4)_____. 또한 샴푸나 세제를

덜 사용해야 한다. 5)_____.

이러한 우리의 작은 실천들은 우리나라와 지구를 지키는 것이고 결국 우리 다음 세대를

위하는 길이다.

14과 생활과 경제

어휘

1 관계있는 것을 연결하세요.

1) 소비 증가 •   • ❶ 물건을 많이 만들어 판다.

2) 경기 침체 •   • ❷ 사람들이 물건을 많이 산다.

3) 가격 급등 •   • ❸ 물건값이 갑자기 많이 올랐다.

4) 공급 증가 •   • ❹ 소비가 줄고 경제가 좋지 않다.

2 〈보기〉에서 알맞은 것을 골라 문장을 완성하세요.

> 보기
>
> 물가가 상승하다   실업률이 감소하다
> 경기가 호황이다   환율이 내리다   수요가 증가하다

1) 기름값이 오르자 교통비를 포함한 모든 _____.

2) 최근 경제가 좋아지면서 _____(으)ㄹ 것으로 보인다.

3) 최근 무더위가 계속되자 에어컨을 사려는 _____고 있다.

4) 실업률이 줄어들고 소비가 늘고 있다는 점은 _____(으)ㅁ을 보여 준다.

3 〈보기〉에서 알맞은 것을 골라 문장을 완성하세요.

> **보기**　　안정되다　　확대하다　　급증하다　　전망하다　　차지하다

1) 경제 전문가는 앞으로의 경제 상황이 좋아질 것으로 _____.

2) 30대들의 관심 분야를 조사한 결과 '일자리'가 1위를 _____.

3) 올해는 가격의 변화를 크게 느끼지 못할 만큼 물가가 _____.

4) 정부에서는 청년 일자리 지원 사업을 작년보다 더 넓게 _____(으)ㄹ 계획이다.

4 다음 문장에 알맞은 것을 고르세요.

1) 의료 보험에 가입하면 개인의 (❶ 의료비, ❷ 교육비) 부담이 줄어든다.

2) 여름철 (❶ 성수기, ❷ 비수기)를 맞아 해수욕장을 찾는 여행객이 늘고 있다.

3) 최근 집값 상승에 따라 정부에서는 (❶ 고용, ❷ 부동산 가격) 안정에 힘쓰고 있다.

4) 올해는 (❶ 경기 불황, ❷ 경기 호황)에 힘입어 작년보다 취업률이 좋을 것으로 예상된다.

동 형 −으므로

1 다음 표를 완성하세요.

기본형	−으므로/므로	기본형	−으므로/므로
먹다		쓰다	
가다	가므로	읽다	
아프다		높다	높으므로
내리다		말하다	
예쁘다		오르다	
만들다		깨끗하다	
★듣다		★돕다	

2 〈보기〉와 같이 문장을 완성하세요.

> **보기**
> 그 사람은 끊임없이 __노력하므로__ 반드시 꿈을 이룰 것이다.
>   (노력하다)

1) 이곳은 공사 중이라서 _____ 다른 길로 돌아가야 한다.
                   (길이 막혀 있다)

2) 비 오는 날은 교통사고가 일어날 _____ 안전 운전을 해야 한다.
                        (가능성이 높다)

3) 최근 경제 상황이 _____ 개인 소비가 증가할 것이다.
                (좋아졌다)

4) 많은 사람들이 이용하는 _____ 통화는 조용히 해야 한다.
                    (공공장소)

3 〈보기〉와 같이 대화를 완성하세요.

> 보기
>
> 가: 저희 회사에 하고 싶은 말이 있습니까?
>
> 나: 저는 성실하고 <u>책임감이 강하므로</u> 이 회사에 필요한 직원이라 생각합니다.
> (책임감이 강하다)

1) 가: 5살 아이도 이 놀이 기구를 탈 수 있을까요?

　　나: 네, 이 놀이 기구는 ＿＿＿＿＿＿＿＿＿＿＿ 어린이도 탈 수 있습니다.
　　　　　　　　　　　　　(위험하지 않다)

2) 가: 이 박물관에는 어떤 프로그램이 있습니까?

　　나: 자세한 내용은 ＿＿＿＿＿＿＿＿＿＿＿ 홈페이지를 확인해 주시기 바랍니다.
　　　　　　　　　　　　(홈페이지에서 볼 수 있다)

3) 가: 늦었지만 지금 잠깐 피아노 연습을 해도 될까요?

　　나: 안 돼요. 이웃집에 ＿＿＿＿＿＿＿＿＿＿＿ 늦은 시간에는 피아노를 치지 마세요.
　　　　　　　　　　　　(피해를 줄 수도 있다)

4) 가: 내년 경제 상황을 어떻게 예상하십니까?

　　나: 내년에 대부분의 원재료 ＿＿＿＿＿＿＿＿＿＿＿ 물가의 상승을 막을 수 없을 것으로 예상하고
　　　있습니다. 　　　　　　　(가격이 인상되다)

명 은/는커녕

1 다음 표를 완성하세요.

기본형	은커녕/는커녕	기본형	은커녕/는커녕
빵	빵은커녕	칭찬	
고기		선물	
점심		저금	
투자		일자리	
퇴근		보너스	보너스는커녕

2 〈보기〉와 같이 문장을 완성하세요.

> 보기
>
> 회사 일이 많아 동료와 <u>이야기는커녕</u> 인사할 시간도 없어요.
> (이야기)

1) 요즘 너무 바빠서 _____ 잠잘 시간도 없어요.
   (취미 생활)

2) 저는 카페인 때문에 _____ 녹차도 마실 수 없어요.
   (커피)

3) 목이 너무 아파서 _____ 물도 못 마시고 있어요.
   (밥)

4) 며칠 동안 더운 날씨 때문에 _____ 산책도 못 하고 있어요.
   (운동)

3 〈보기〉와 같이 대화를 완성하세요.

> 보기
>
> 가: 아내가 한국어를 잘하니까 많이 가르쳐 주겠네요?
> 나: 아니요. <u>공부는커녕</u> 얼굴 보고 이야기할 시간도 없어요.
> (공부)

1) 가: 요즘 회사들의 상황이 좋지 않은 것 같아요.
   나: 네. 경기 침체로 _____ 월급도 못 주는 회사들이 많대요.
   (보너스)

2) 가: 여행 가서 맛있는 음식은 많이 먹고 왔어요?
   나: 아니요. 갑자기 배가 너무 아파서 _____ 밥도 못 먹었어요.
   (맛있는 음식)

3) 가: 오늘 왜 우산을 들고 왔어요?
   나: 뉴스에서 오늘 하루 종일 비가 온다고 하더니 _____ 비구름도 없네요.
   (비)

4) 가: 주말에 즐거운 시간 보냈어요?
   나: 아니요. 주말에 감기 몸살로 _____ 침대에서 일어나지도 못했어요.
   (외출)

Track 27

1 다음 대화를 듣고 빈칸에 알맞은 말을 쓰세요. 그리고 말해 보세요. 🎧

1) 가: 요즘 경기가 너무 침체됐지요?

나: 맞아요. 경기 침체로 _____ 있어요.

2) 가: 내년에는 저축을 좀 많이 할 수 있을까요?

나: 이 월급으로는 _____ 생활비도 부족할 것 같아요.

3) 가: 여행 준비는 다 했어요?

나: 돈만 바꾸면 되는데 지금 _____ 못 바꾸고 있어요.

4) 가: 최근 일어난 물가 상승에 대해 어떻게 생각하십니까?

나: _____ 물가 상승은 어쩔 수 없는 것 같습니다.

Track 28

2 다음을 듣고 물음에 답하세요. 🎧

1) 여자는 요즘 왜 학생 식당에서 밥을 먹습니까?

_____

2) 들은 내용과 같으면 ○, 다르면 X 하세요.

❶ 남자는 야채와 과일을 자주 먹는다. ( )

❷ 장마철에는 야채와 과일 가격이 비싸진다. ( )

❸ 여자는 학생 식당에서 사 먹는 것이 비싸다고 생각한다. ( )

1 다음은 환율을 설명하는 표입니다. 표를 보고 내용이 같으면 ○, 다르면 X 하세요.

환율 상승(원화 약세)	환율 하락(원화 강세)
한국에 오는 관광객 증가 수출 증가	해외로 나가는 관광객 증가 수입 증가

1) 환율이 높아지면 한국 돈의 가치가 낮아진다.   (   )

2) 환율이 낮아지면 외국 여행이나 수입에 유리하다.   (   )

2 다음은 환율에 대한 글입니다. 글을 읽고 물음에 답하세요.

환율은 한 나라의 돈과 다른 나라 돈의 교환 비율이다. 원 달러 환율의 경우 달러를 찾는 사람이 많아지면 환율이 상승하고 한국 돈의 가치가 높아지면 환율이 하락한다. 이러한 환율 변화는 사람들의 생활에 큰 영향을 준다. 환율이 오르면 수입을 하는 물건의 가격이 오르기 때문이다. 환율이 1,000원일 때 1달러짜리 물건을 사려면 1,000원이 필요하다. 하지만 환율이 2,000원으로 오르면 1달러짜리 물건을 살 때 2,000원이 필요하다. 그렇다고 환율이 낮을수록 좋은 것은 아니다. 환율이 내려가면 수출을 어렵게 한다. 환율이 1,000원일 때 1달러짜리 물건 1개를 판다면 환율이 2,000원이 될 때에는 1달러짜리 물건 2개를 팔아야 하는 것이다. 이러한 이유로 각국 정부에서는 환율을 적정하게 유지하여 국가 경제를 건전하게 관리하고자 노력하고 있다.

1) 윗글에 나오지 않은 것을 고르세요.
     ❶ 환율의 영향   ❷ 환율과 경제의 관계   ❸ 향후 원 달러 환율 전망

2) 윗글의 내용과 같은 것을 고르세요.
     ❶ 환율이 오르면 수입품의 값이 내려간다.
     ❷ 환율의 변화는 소비 생활에 영향을 준다.
     ❸ 환율이 내려갈수록 수출에 긍정적인 영향을 준다.

다음은 '일상생활에서 물가 변화가 큰 품목'에 대한 글입니다. 메모를 참고하여 글을 완성하세요.

물가 변화가 큰 품목	채소나 야채 같은 신선식품, 자동차에 넣는 기름 같은 수입품
물가 변화가 일어난 이유	-홍수, 가뭄 등 계절적 요인 -정치, 경제적 상황에 따른 환율 변화
물가 변화가 크지 않은 품목	-정부가 관리하는 기본 생활필수품 -대표적인 예로 쌀이 있음

일상생활에서 사람들이 많이 사거나 자주 사는 물건의 가격 변화는 누구나 쉽게 느낄 수 있다. 그중에서도 특히 1)

물가 변화를 피부로 느끼게 하는 대표적인 예이다. 신선식품의 가격 변동이 큰 이유는

2)   . 예를 들어

홍수가 나면 야채나 과일의 생산량이 줄어들어 가격이 오르게 된다. 또한 3)

수입 제품 가격에

영향을 미친다. 일상생활에서 우리가 가격 변화를 가장 많이 느끼는 예로 자동차에 넣는

기름을 들 수 있다. 한편 정부가 가격을 안정적으로 관리하여 가격 변동이 크지 않은

품목이 있다. 주로 기본 생활필수품이 이에 속하는데 4)   .

15과 법과 질서

어휘

1 관계있는 것을 연결하세요.

1) 음주 단속 •

    • ❶ 허락 없이 사진을 찍어요.

2) 불법 촬영 •

    • ❷ 쓰레기를 아무 데나 버려요.

3) 불법 주정차 •

    • ❸ 여기에 차를 세우면 안 돼요.

4) 쓰레기 불법 투기 •

    • ❹ 경찰이 술을 마셨는지 확인해요.

2 〈보기〉에서 알맞은 것을 골라 문장을 완성하세요.

| 보기 | 법규 | 질서 | 범죄 | 처벌 | 범칙금 |

1) 금연 구역에서 담배를 피우면 _____을/를 받는다.

2) _____을/를 저지르면 사람들에게 피해를 줄 수 있다.

3) 사람이 많은 공연장에서는 _____ 있게 입장해야 한다.

4) 무단 횡단을 하다가 경찰에게 잡혀서 _____을/를 냈다.

3 다음 문장에 알맞은 것을 고르세요.

1) 어제부터 시작된 도로 공사로 보행자에게 불편을 (❶ 끼치고, ❷ 미치고) 있다.

2) 공공장소에서 시끄러운 소리를 내면 주변 사람들에게 (❶ 가해, ❷ 피해)을/를 줄 수 있다.

3) 시민들의 (❶ 성숙한, ❷ 익숙한) 시민 의식 덕분에 행사가 성공적으로 마무리되었다.

4) 경찰의 범죄 예방 활동 덕분에 범죄율이 (❶ 일반적으로, ❷ 지속적으로) 줄어들고 있다.

5) 길에서 침을 뱉거나 무단 횡단하는 것을 (❶ 대단하게, ❷ 대수롭지 않게) 생각하는 경우가 많다.

4 〈보기〉에서 알맞은 것을 골라 문장을 완성하세요.

| 보기 | 검거율 | 경범죄 | 범죄율 | 음주 소란 | 무단 침입 |

1) 주변 사람에게 피해를 줄 수 있는 가벼운 범죄를 _____(이)라고 한다.

2) 첨단 과학 기술의 발달로 인해서 범죄 용의자의 _____이/가 높아졌다.

3) 친구의 집이라도 허락 없이 들어가면 _____(으)로 처벌을 받을 수 있다.

4) 최근에 술에 취해 주위를 시끄럽게 하는 _____이/가 자주 발생하고 있다.

동 –다시피

1 다음 표를 완성하세요.

기본형	–다시피	기본형	–다시피
먹다	먹다시피	보다	보다시피
가다		말하다	
쓰여 있다		살다	
느끼다		듣다	
짐작하다		알다	

2 〈보기〉와 같이 문장을 완성하세요.

> **보기**
>
> 여러분도 <u>느끼다시피</u> 매출 상승으로 인해 회사의 분위기가 상당히 좋아졌습니다.
> (느끼다)

1) 이미 _____ 내일은 중요한 시험이 있습니다.
   (알다)

2) 조금 전에 _____ 한국은 고령화 저출산 문제가 심각합니다.
   (들었다)

3) 여러분도 _____ 앞으로 취업이 더 힘들어질 것으로 보입니다.
   (짐작하다)

4) 아까 _____ 백록담의 풍경은 말로 설명할 수 없을 정도로 아름답습니다.
   (소개했다)

3 〈보기〉와 같이 대화를 완성하세요.

> 보기
> 가: 요즘 실업률이 증가하고 있대요.
> 나: <u>아시다시피</u> 경제가 어려워서 일자리가 없잖아요.
>   (아시다)

1) 가: 안내문에 _____ 이곳은 주차 금지 구역입니다.
      (쓰여 있다)

   나: 죄송합니다. 안내문을 보지 못했습니다.

2) 가: 내일 비가 온다는데 행사를 하나요?

   나: 미리 _____ 행사는 예정대로 진행됩니다.
         (알려 드렸다)

3) 가: 한국에 거주하는 외국인 수가 점점 늘어나고 있어요.

   나: 네. 아까 _____ 해마다 꾸준히 증가하고 있어요.
            (말씀드렸다)

4) 가: 저 좀 도와주시겠어요?

   나: 미안해요. _____ 저도 지금 일이 많아서 도와드리기가 어렵네요.
              (보다)

동-는 법이다

1 다음 표를 완성하세요.

기본형	-는 법이다	기본형	-는 법이다
찾다	찾는 법이다	생기다	생기는 법이다
있다		듣다	
변하다		받다	
실수하다		좋아지다	
★늘다		★알다	

2 〈보기〉와 같이 문장을 완성하세요.

> **보기** 노력하는 사람이 _기회를 잡는 법이다_ .
>   (기회를 잡다)

1) 서로 대화하지 않으면 _____.
                              (오해가 생기다)

2) 한국어를 꾸준히 공부하면 _____.
                                (실력이 늘다)

3) 일을 할 때 급하게 서두르면 _____.
                                 (실수하다)

4) 범죄를 저지른 사람은 반드시 _____.
                                  (처벌을 받다)

3 〈보기〉와 같이 대화를 완성하세요.

> **보기** 가: 몸이 아파서 그런지 가족이 보고 싶어요.
>   나: 몸이 안 좋으면 _가족이 생각나는 법이에요._
>   (가족이 생각나다)

1) 가: 열심히 공부하면 시험에 합격할 수 있을까요?

   나: 최선을 다하면 _____.
                        (좋은 결과를 얻다)

2) 가: 요즘 일이 너무 힘들어요. 그만 포기해야 할까요?

   나: 아무리 힘들더라도 계속 노력하면 _____.
                                          (성공하다)

3) 가: 저 사람이 어릴 때부터 물건을 훔쳤대요.

   나: 어머나, _____. 어릴 때 습관이 중요한 거 같아요.
            (세 살 적 버릇이 여든까지 가다)

4) 가: 제가 좋아해서 시작했는데 일이 너무 힘들어서 포기하고 싶어요.

   나: 모든 일에는 _____. 좋아해서 선택한 일이니까 포기하지 마세요.
                  (장점도 있고 단점도 있다)

Track 29

1 다음 대화를 듣고 빈칸에 알맞은 말을 쓰세요. 그리고 말해 보세요. 🎧

1) 가: 여기에 _____ 이곳은 금연 구역입니다.

   나: 정말요? 잘 몰랐습니다. 죄송합니다.

2) 가: 나쁜 일을 계속하면 결국 잡히네요.

   나: 그럼요. _____.

3) 가: 교통 범칙금 고지서가 또 나왔어요.

   나: _____ 벌금을 내야 해요. 앞으로 조심하세요.

4) 가: 사람이 많아서 오래 기다려야 할 거 같아요. 그냥 먼저 들어갈까요?

   나: 그럼 안 되지요. 사람이 많을수록 _____.

Track 30

2 다음을 듣고 물음에 답하세요. 🎧

1) 여자는 어떤 교통 법규를 위반했습니까?

   _____

2) 들은 내용과 같으면 ○, 다르면 X 하세요.

   ❶ 교통 법규를 위반하면 벌금을 내야 한다.　　　　　(　　　)

   ❷ 교통 법규를 어기면 큰 사고가 날 수 있다.　　　　　(　　　)

   ❸ 급한 일이 있으면 교통 법규를 위반해도 된다.　　　　(　　　)

1 다음은 사고 예방 포스터입니다. 글을 읽고 맞으면 ○, 틀리면 X 하세요.

개에게 물리는 사고를 예방하려면 어떻게 해야 할까요?

어린이의 경우, 반려견과
단둘이 있게 하지 마세요!

외출 시에는 반려견에게
목줄을 매어 주세요!

주인의 허락 없이 반려견을
만지거나 다가가지 마세요!

1) 위 포스터는 개에게 물리는 사고를 예방하기 위한 것이다.　　　　(　　)

2) 개에게 물리는 사고를 막기 위해서 집 밖에 나갈 때는 목줄을 채워야 한다.　(　　)

2 다음은 반려견 관련 법에 대한 글입니다. 글을 읽고 물음에 답하세요.

　　반려견을 키우는 인구가 매년 늘고 있다. 최근 1인 가구가 증가하면서 그들이 키우는 반려견의 수도 함께 늘고 있기 때문이다. 그러나 반려견 안전 관리에 대한 생각은 예전과 달라진 게 없다. 그러다 보니 개에게 물리는 사고가 계속 일어나고 있다. 이런 사고가 반복되는 이유는 반려견 관련 법이 여전히 약하기 때문이다. 동물 보호법이 새롭게 바뀌어 반려견과 외출 시 모든 반려견의 목줄 착용을 의무화했지만 여전히 이를 지키지 않는 경우가 많다. 목줄을 매지 않으면 개에게 물리는 사고가 계속 일어나는 법이다. 최근 통계에 의하면 개에게 물려 병원을 찾는 사람이 해마다 증가해 연평균 2천여 명이 된다고 한다. 게다가 이런 법규를 단속하는 전담 인력이 부족하여 현장에서의 단속도 쉽지 않다. 그래서 반려견 안전 관리를 더욱 철저히 강화해야 한다는 목소리가 높다. 정부의 정책 마련이 시급해 보인다.

1) 윗글의 내용과 같으면 ○, 다르면 X 하세요.
   ❶ 반려견 관련 법이 약하기 때문에 개에게 물리는 사고가 계속 일어난다.　(　　)
   ❷ 정부의 정책이 마련되지 않아서 법을 위반하는 현장을 단속하기 어렵다.　(　　)

2) 윗글의 내용과 다른 것을 고르세요.
   ❶ 개에게 물려 다치는 사람이 증가하고 있다.
   ❷ 1인 가구의 증가로 반려견의 수가 매년 늘고 있다.
   ❸ 개에게 목줄을 채워도 사고가 자주 일어나고 있다.

1 다음은 '법과 질서의 필요성'에 대한 글입니다. 메모를 참고하여 글을 완성하세요.

법과 질서의 필요성	-사람들이 사회에 모여 살다 보면 크고 작은 문제가 생김 -문제들을 해결하고 서로 잘 어울려 살아가기 위함
법과 질서를 지키지 않으면 생기는 문제점	다른 사람에게 피해나 불편을 줄 수 있음 예 1) 금연 장소에서 담배를 피우면 담배 연기와 냄새로 인해 다른 사람들의 건강도 해칠 수 있음 예 2) 아무 데나 쓰레기를 버리면 주변 환경이 더러워짐
법과 질서를 지켜야 하는 이유	모든 사람들이 편안하게 살 수 있는 사회를 만들기 위함

여러 사람들이 사회에 모여 함께 살다 보면 크고 작은 문제가 생긴다. 이러한 1)
_____

_____ 법과 질서가 필요하다.

　사람들이 법과 질서를 지키지 않으면 여러 가지 문제가 생길 수밖에 없다. 가장 큰

문제는 2) _____ . 예를

들어 요즘은 알다시피 공공장소 대부분이 금연 구역인데 이곳에서 담배를 피우면 담배

연기와 냄새로 인해 다른 사람의 건강을 해칠 수 있다. 그리고 쓰레기를 아무 데나 버리면

주변 환경이 더러워질 뿐만 아니라 벌금도 내야 한다. 그러므로 우리는 3) _____

_____ 법과 질서를 지켜야 한다.

16과 이민 생활

어휘

1 관계있는 것을 연결하세요.

1) 문화 차이 •

2) 경제적인 문제 •

3) 의사소통 문제 •

4) 주변 사람과의 갈등 •

• ❶ 돈을 어떻게 벌어야 할지 몰라 막막했어요.

• ❷ 한국어 문제로 대화가 안 통해서 답답했어요.

• ❸ 사고방식이 달라서 주변 사람들과 잘 지내기 어려웠어요.

• ❹ 우리나라와 한국의 문화가 달라서 충격을 받은 적이 있어요.

2 〈보기〉에서 알맞은 것을 골라 문장을 완성하세요.

| 보기 | 도움을 청하다 | 극복하다 | 포기하다 | 응원하다 | 법에 호소하다 |

1) 회사 생활에 대한 고민을 솔직하게 털어놓으면서 동료들과의 갈등을 _____(으)ㄹ 수 있었다.

2) 한국에 온 지 얼마 안 되었을 때 혼자 해결하기 어려운 일이 많아 주변에 _____.

3) 한국어를 잘 못해서 오해를 받았을 때는 한국 생활을 _____고 고향으로 돌아가고 싶었다.

4) 친구에게 돈을 빌려주었는데 계속 갚지 않고 연락도 잘 되지 않아 빌려준 돈을 _____(으)ㄹ 수밖에 없었다.

3 〈보기〉에서 알맞은 것을 골라 문장을 완성하세요.

> **보기**　　꿈꾸다　　도전하다　　결심하다　　운영하다　　취득하다　　회복하다

1) 어릴 때부터 ＿＿＿＿＿＿＿던 일을 하게 돼서 정말 기쁘다.

2) 나는 케이팝(K-pop)이 좋아서 무조건 한국에 오기로 ＿＿＿＿＿＿＿.

3) 조리사 자격증을 ＿＿＿＿＿＿＿고 나서 내 가게를 차리고 싶다.

4) 작은 회사를 ＿＿＿＿＿＿＿아/어서 번 돈으로 불우 이웃을 도왔다.

5) 성공한 삶을 살기 위해서는 실패를 두려워하지 말고 끊임없이 ＿＿＿＿＿＿＿.

4 다음 문장에 알맞은 것을 고르세요.

1) 가족들이 용기를 준 덕분에 (❶ 불의에 타협하고, ❷ 고난을 이겨 내고) 목표를 달성할 수 있었다.

2) 최근 외국어 공부, 자격증 취득 등의 (❶ 해결 방안을 찾는, ❷ 자기 계발을 하는) 사람들이 늘고 있다.

3) 한국과 고향의 문화 전도사가 되겠다는 (❶ 꿈을 이루기, ❷ 최선을 다하기) 위해 매일 열심히 공부하고 있다.

4) 일의 종류에 상관없이 맡은 일에 (❶ 열정을 쏟는, ❷ 마음을 먹는) 사람들을 보면서 많은 것을 배우게 된다.

동 형 -을지도 모르다

1 다음 표를 완성하세요.

기본형	-을지도 모르다/ㄹ지도 모르다	기본형	-을지도 모르다/ㄹ지도 모르다
겪다	겪을지도 모르다	오다	올지도 모르다
먹다		많다	
바쁘다	바쁠지도 모르다	걸리다	
필요하다		없다	
★짓다		다르다	
★맵다		★알다	
★힘들다		★듣다	

2 〈보기〉와 같이 문장을 완성하세요.

> 보기
>
> 요즘 갑자기 일이 많아져서 고향 친구 모임에 못 <u>갈지도 모른다</u>.
> (가다)

1) 미래에는 지구 온난화 때문에 추운 겨울이 _____.
   (사라지다)

2) 지금은 퇴근 시간이어서 길이 많이 _____.
   (막히다)

3) 10년 후에는 내가 저 무대에서 멋있게 _____.
   (노래하고 있다)

4) 주말에는 영화관에 사람이 많아서 표가 _____.
   (다 팔렸다)

3 〈보기〉와 같이 대화를 완성하세요.

> **보기** 가: 지금 영주권 신청을 하면 언제쯤 받을 수 있을까요?
>
> 나: 요즘 영주권 신청자가 많아서 받는 데까지 <u>시간이 많이 걸릴지도 몰라요</u>.
> (시간이 많이 걸리다)

1) 가: 더운데 왜 얇은 옷을 하나 더 챙겨요?

　　나: 요즘 일교차가 커서 밤이 되면 ＿＿＿＿＿＿＿＿＿＿＿＿＿＿.
　　　　　　　　　　　　　　　　　　(날씨가 쌀쌀해지다)

2) 가: 이번 추석은 연휴가 기네요.

　　나: 맞아요. 그래서 이번 추석 때는 ＿＿＿＿＿＿＿＿＿＿＿＿＿.
　　　　　　　　　　　　　　　(여행을 가는 사람이 많다)

3) 가: 오늘 점심때 '우리 식당'에 가려고 해요.

　　나: 좀 일찍 가 보세요. 거기는 인기가 많아서 늦게 가면 ＿＿＿＿＿＿＿＿＿＿＿＿.
　　　　　　　　　　　　　　　　　　　　　(음식이 다 떨어지다)

4) 가: 혹시 지금 나오는 이 노래 제목 알아요?

　　나: 스마트폰으로 검색해 보세요. 음악으로 검색하면 ＿＿＿＿＿＿＿＿＿＿＿＿＿.
　　　　　　　　　　　　　　　　　　　　(제목을 찾을 수 있다)

 치고

1 다음 표를 완성하세요.

기본형	치고	기본형	치고
외국인	외국인치고	집	
면접		아이	아이치고
중고		가수	
명품		날씨	
번역기		신입 사원	

2 〈보기〉와 같이 문장을 완성하세요.

> 외국에서 사는 사람치고 언어 문제로 어려움을 겪지 않은 사람은 없다.
> (외국에서 사는 사람)

1) _____ 키가 크지 않은 사람은 없다.
   (농구 선수)

2) 오늘 요리는 _____ 성공적이었다.
   (처음 만든 것)

3) _____ 컴퓨터 게임을 좋아하지 않는 아이는 없다.
   (요즘 아이)

4) 지구 온난화 때문인지 _____ 날씨가 춥지 않다.
   (겨울)

3 〈보기〉와 같이 대화를 완성하세요.

> 보기 가: 라민 씨는 외국인인데 한국 생활에 잘 적응하는 것 같아요.
> 나: 주변에 좋은 친구들이 많아서 외국인치고 빨리 적응한 편이에요.

1) 가: 이거 중고책인데 낙서도 하나 없고 좋아요.
   나: 정말 _____ 깨끗하네요. 새것 같은데요.

2) 가: 라흐만 씨는 신입 사원인데 생각보다 일을 잘하더라고요.
   나: 맞아요. _____ 일을 빨리 배우는 것 같아요.

3) 가: 나쁜 일을 하는 사람은 결국 벌을 받게 되는군요.
   나: 그러게요. _____ 잘되는 사람 못 봤어요.

4) 가: 거기는 유명한 관광지에 있는 호텔이라서 숙박비가 비싸겠어요.
   나: 맞아요. _____ 숙박비가 싼 곳은 없어요.

Track 31

1 다음 대화를 듣고 빈칸에 알맞은 말을 쓰세요. 그리고 말해 보세요. 🎧

1) 가: 한국에서 살면서 뭐가 힘들었어요?

나: 취직하고 싶었는데 _____ 막막했어요.

2) 가: 한국어로 의사소통하는 게 너무 어려워요.

나: 모르는 말은 _____ 게 좋아요.

3) 가: 지금 외국인 등록증을 신청하면 받는 데까지 얼마나 걸릴까요?

나: 요즘 신청자가 많아서 _____.

4) 가: 한국 생활이 너무 힘들어서 고향에 돌아가고 싶어요.

나: _____ 힘들지 않은 사람은 없으니까 조금만 힘내세요.

Track 32

2 다음을 듣고 물음에 답하세요. 🎧

1) 이링 씨는 지금 무슨 발표를 하고 있어요?

_____

2) 들은 내용과 같으면 ○, 다르면 X 하세요.

❶ 이링은 문화 차이로 인한 실수를 하지 않았다. ( )

❷ 이링은 한국에 오자마자 취직했다. ( )

❸ 이링은 앞으로도 계속 한국에서 생활할 예정이다. ( )

1 다음은 설문 조사 결과입니다. 글을 읽고 내용과 같으면 ○, 다르면 X 하세요.

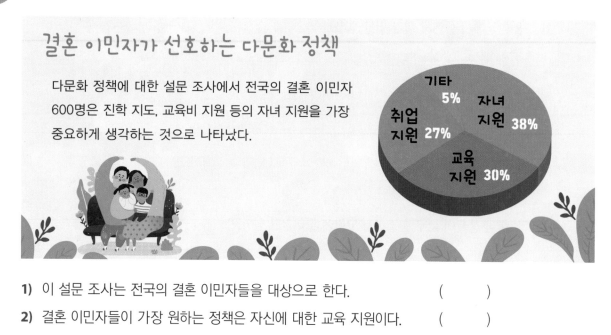

결혼 이민자가 선호하는 다문화 정책

다문화 정책에 대한 설문 조사에서 전국의 결혼 이민자 600명은 진학 지도, 교육비 지원 등의 자녀 지원을 가장 중요하게 생각하는 것으로 나타났다.

기타 5%
자녀 지원 38%
취업 지원 27%
교육 지원 30%

1) 이 설문 조사는 전국의 결혼 이민자들을 대상으로 한다. (　　　)

2) 결혼 이민자들이 가장 원하는 정책은 자신에 대한 교육 지원이다. (　　　)

2 다음은 사회통합 이민자 멘토단에 대한 기사입니다. 글을 읽고 물음에 답하세요.

　　외국인의 한국 정착과 한국인과의 소통을 돕기 위한 '사회통합 이민자 멘토단'이 새롭게 탄생했다. 아시아와 미주, 유럽 등 22개국 출신의 이민자로 구성된 멘토단은 법무부의 공개 모집 절차를 거쳐 선발되었다. 이들은 국내에 거주하고 있는 외국인을 대상으로 한국 사회 적응 경험과 노하우를 알리고, 한국인을 대상으로 멘토 출신국의 사회·문화 및 이민 정책을 소개하는 등 문화 전도사로서의 역할도 수행하게 된다. (　㉠　) 다양한 사회 활동과 멘토 교육 등을 통해 얻은 현장의 목소리를 이민자 정책에 반영할 수 있도록 정책 결정 도우미 활동도 하게 된다. 이러한 멘토단의 활동은 한국 사회의 외국인들에게 큰 희망이 될 수 있을 것이다. 사회통합 이민자 멘토단의 활동으로 우리 사회에 아름다운 소통 문화가 정착하기를 기대해 본다.

1) ㉠에 들어갈 알맞은 말을 고르세요.

　❶ 또한　　　　　　　　❷ 그래서　　　　　　　　❸ 하지만

2) 윗글의 내용과 같은 것을 고르세요.

　❶ 사회통합 이민자 멘토단은 오래전부터 활동하고 있었다.

　❷ 사회통합 이민자 멘토단은 고향에 가서 한국 문화를 알려야 한다.

　❸ 사회통합 이민자 멘토단은 이민자 정책을 결정하는 일에 참여할 것이다.

1 다음은 '나의 꿈'에 대한 글입니다. 메모를 참고하여 글을 완성하세요.

꿈은 무엇인지?	이중 언어 웹툰 작가
꿈을 가지게 된 계기는 무엇인지?	친구의 추천 (취미로 그린 그림치고 잘 그렸음, 인터넷에 올려 볼 것)
꿈을 이루기 위해 무엇을 해야 하는지?	웹툰 회사에 취직해야 함
꿈을 이루기 위해 지금 어떤 노력을 하고 있는지?	-한국어 공부, 그림 공부: 자기 계발에 힘쓰기 -정기적으로 인터넷에 그림 올리기: 실력 쌓기

　　내 꿈은 이중 언어 웹툰 작가가 되는 것이다. 한국어와 영어로 웹툰을 그리고 싶다. 한국에 처음 왔을 때 한국어를 잘 못해서 의사소통에 어려움을 겪었다. 대화가 잘 통하지 않아 답답했던 나는, 매일 있었던 일들을 그림으로 남기면서 스트레스를 풀기 시작했다. 어느 날 친구가 내 그림을 보게 되었는데 ¹⁾ _____ 인터넷에 올려 보라고 했다. 그날부터 나는 외국인의 한국 생활에 대한 만화를 그려서 인터넷에 올리고 있다. 웹툰 작가가 되기 위해서는 웹툰 회사에 ²⁾ _____ . 그 꿈을 이루기 위해 나는 한국어 공부와 그림 공부를 계속하는 등 ³⁾ _____ . 그리고 정기적으로 인터넷에 웹툰을 올리면서 ⁴⁾ _____ . 정식 작가가 되는 것은 어려울지도 모른다. 그렇지만 나는 꿈을 이루기 위해 앞으로도 계속 최선을 다할 것이다.

모범 답안

1　한국 생활 적응

어휘　p. 10

1. 1) ③　　2) ①　　3) ④　　4) ②

2. 1) ①　　2) ②　　3) ②　　4) ①

3. 1) 호기심　2) 외로움　3) 기대감
　　4) 자신감　5) 두려움

4. 1) ②　　2) ①　　3) ②　　4) ①

문법　p. 12

동 −느라고

1.

기본형	−느라고	기본형	−느라고
찾다	찾느라고	먹다	먹느라고
읽다	읽느라고	걷다	걷느라고
가다	가느라고	마시다	마시느라고
쓰다	쓰느라고	구하다	구하느라고
다녀오다	다녀오느라고	★살다	사느라고

2. 1) 급하게 나오느라고
　　2) 사진을 찍느라고
　　3) 낯선 환경에 적응하느라고
　　4) 바쁘게 지내느라고

3. 1) 다른 생각을 하느라고
　　2) 중요한 일을 처리하느라고
　　3) 음식을 준비하느라고
　　4) 수다를 떠느라고

동 형 −을수록

1.

기본형	−을수록/ㄹ수록	기본형	−을수록/ㄹ수록
먹다	먹을수록	좋다	좋을수록
웃다	웃을수록	사귀다	사귈수록
짧다	짧을수록	읽다	읽을수록
바쁘다	바쁠수록	없다	없을수록
운동하다	운동할수록	어리다	어릴수록
★맵다	매울수록	다르다	다를수록
★살다	살수록	★듣다	들을수록

2. 1) 가까운 집일수록　2) 더워질수록
　　3) 많을수록　　　　4) 급할수록

3. 1) 살수록　　　　　2) 읽을수록
　　3) 공부할수록　　　4) 지날수록

말하기와 듣기　p. 15

1. 1) 의사소통이 잘 안 돼서　2) 여유가 생겼어요
　　3) 처음부터 배우느라고　4) 급이 올라갈수록

2. 1) 직장을 옮겼다.
　　2) ① O　　② X　　③ X

읽기　p. 16

1. 1) O　　　　2) O

2. 1) ②　　　　2) ③

쓰기　p. 17

1) 미용 기술을 배웠다
2) 앞만 보고 달리느라고
3) 미용 기술 자격증을 땄고
4) 생활이 안정되었다
5) 가족들을 초청해서

2 가족의 변화

어휘 p. 18

1. 1) ③ 2) ④ 3) ① 4) ②

2. 1) 1인 가구 2) 신혼부부
3) 주말부부 4) 맞벌이 부부

3. 1) 고령화 2) 싱글족
3) 이혼율 4) 가치관

4. 1) ② 2) ① 3) ① 4) ②

문법 p. 20

동형 −을 뿐만 아니라

1.

기본형	−을 뿐만 아니라/ ㄹ 뿐만 아니라	기본형	−을 뿐만 아니라/ ㄹ 뿐만 아니라
먹다	먹을 뿐만 아니라	좋다	좋을 뿐만 아니라
앉다	앉을 뿐만 아니라	없다	없을 뿐만 아니라
예쁘다	예쁠 뿐만 아니라	사다	살 뿐만 아니라
편하다	편할 뿐만 아니라	말하다	말할 뿐만 아니라
★길다	길 뿐만 아니라	많다	많을 뿐만 아니라
★듣다	들을 뿐만 아니라	★살다	살 뿐만 아니라
★만들다	만들 뿐만 아니라	★덥다	더울 뿐만 아니라

2. 1) 가격이 저렴할 뿐만 아니라
2) 향기가 좋을 뿐만 아니라
3) 사람들과 잘 어울릴 뿐만 아니라
4) 한국어와 한국 문화를 배울 수 있을 뿐만 아니라

3. 1) 공기가 좋을 뿐만 아니라
2) 역사 공부를 할 수 있었을 뿐만 아니라
3) 기분이 좋아질 뿐만 아니라
4) 건강해질 뿐만 아니라

동형 −을 수밖에 없다

1.

기본형	−을 수밖에 없다/ ㄹ 수밖에 없다	기본형	−을 수밖에 없다/ ㄹ 수밖에 없다
먹다	먹을 수밖에 없다	쓰다	쓸 수밖에 없다
웃다	웃을 수밖에 없다	자다	잘 수밖에 없다
많다	많을 수밖에 없다	좋다	좋을 수밖에 없다
다르다	다를 수밖에 없다	없다	없을 수밖에 없다
피곤하다	피곤할 수밖에 없다	바쁘다	바쁠 수밖에 없다
★듣다	들을 수밖에 없다	★만들다	만들 수밖에 없다
★살다	살 수밖에 없다	★맵다	매울 수밖에 없다

2. 1) 시간이 부족할 수밖에 없다
2) 다시 돌아갈 수밖에 없다
3) 비빔밥을 시킬 수밖에 없다
4) 신청할 수밖에 없다

3. 1) 집에 있을 수밖에 없었어요
2) 주말에도 일을 할 수밖에 없었어요
3) 택시를 탈 수밖에 없었어요
4) 우산을 또 살 수밖에 없었어요

말하기와 듣기 p. 23

1. 1) 육아 문제가 2) 저뿐만 아니라
3) 고령화 4) 나타날 수밖에 없어요

2. 1) 부모님을 모시고 살 준비를 하느라 많이 바빴다.
2) ① X ② O ③ X

읽기 p. 24

1. 1) O 2) X

2. 1) ③ 2) ③

쓰기 p. 25

1) 결혼한 부부가 부모를 모시고 자녀와 함께 사는 가족
형태이다
2) 세대 간에 정을 느낄 수 있다
3) 대가족은 많은 사람이 한집에 같이 살기 때문에
간접적으로 사회생활을 경험할 수 있다

3 생활 속의 과학

어휘 p. 26

1. 1) ③   2) ①   3) ④   4) ②

2. 1) 로봇 청소기   2) 무인 편의점
3) 인공 지능(AI) 스피커   4) 길 찾기 앱

3. 1) ②   2) ②   3) ①   4) ②   5) ①

4. 1) 주목받   2) 발전하
3) 개발하   4) 기대한다

문법 p. 28

동형 –는 줄 알다

1.

기본형	–는 줄 알았어요	기본형	–은 줄 알았어요/ –ㄴ 줄 알았어요	기본형	–은 줄 알았어요/ –ㄴ 줄 알았어요
먹다	먹는 줄 알았어요	작다	작은 줄 알았어요	바쁘다	바쁜 줄 알았어요
오다	오는 줄 알았어요	짧다	짧은 줄 알았어요	싸다	싼 줄 알았어요
듣다	듣는 줄 알았어요	많다	많은 줄 알았어요	크다	큰 줄 알았어요
재미있다	재미있는 줄 알았어요	높다	높은 줄 알았어요	★가깝다	가까운 줄 알았어요
★만들다	만드는 줄 알았어요	얇다	얇은 줄 알았어요	★춥다	추운 줄 알았어요

2. 1) 작은 줄 알았다   2) 사귀는 줄 알았다
3) 떨어지는 줄 알았다   4) 한국 사람인 줄 알았다

3. 1) 매운 줄 알았어요   2) 취직한 줄 알았어요
3) 없는 줄 알았어요   4) 돌아간 줄 알았어요

동 –곤 하다

1.

기본형	–곤 하다	기본형	–곤 하다
먹다	먹곤 하다	보다	보곤 하다
웃다	웃곤 하다	듣다	듣곤 하다
쓰다	쓰곤 하다	자다	자곤 하다
요리하다	요리하곤 하다	부르다	부르곤 하다
마시다	마시곤 하다	만들다	만들곤 하다

2. 1) 마시곤 해요   2) 사용하곤 해요
3) 부르곤 해요   4) 만들어 먹곤 해요

3. 1) 먹곤 했어요   2) 찾곤 했어요
3) 듣곤 했는데   4) 공부하곤 했는데

말하기와 듣기 p. 31

1. 1) 길을 찾곤 했어요
2) 가방이 큰 줄 알았어요
3) 말을 해서 켜고 끌 수 있으니까요
4) 다양한 것을 체험할 수 있는 게임이에요

2. 1) 무인 편의점에 갔다.
2) ① X   ② O   ③ O

읽기 p. 32

1. 1) O   2) O

2. 1) ① X   ② O
2) ②

쓰기 p. 33

1) 시간이 오래 걸리고 많은 양의 물을 사용하곤 했다
2) 직접 빨래를 하니까
3) 다른 일을 할 수 있어서 시간을 절약할 수 있다
4) 옷에 맞게 세탁 방법을 선택할 수 있어서 옷을 상하게 하지 않고

4 한국의 의례

어휘 p. 34

1. 1) ②   2) ④   3) ①   4) ③

2. 1) 하객   2) 혼인 서약   3) 피로연
4) 촛불   5) 축가

3. 1) 영정   2) 유족   3) 상복
4) 빈소   5) 명복

4. 1) ②   2) ①   3) ②   4) ①

문법 p. 36

동형 −더니

1.

기본형	−더니	기본형	−더니
가다	가더니	많다	많더니
기다리다	기다리더니	덥다	덥더니
먹다	먹더니	바쁘다	바쁘더니
놀다	놀더니	재미있다	재미있더니
보다	보더니	흐리다	흐리더니
일하다	일하더니	건강하다	건강하더니

2. 1) 결혼하더니　　2) 화를 내더니
　　3) 좋더니　　　　4) 찾더니

3. 1) 지난주는 춥더니
　　2) 어제는 우울해하더니
　　3) 처음 한국에 왔을 때는 못 먹더니
　　4) 그동안 집을 못 구해서 걱정하더니

동형 −은 나머지

1.

기본형	−은 나머지/ㄴ 나머지	기본형	−은 나머지/ㄴ 나머지
사다	산 나머지	좋다	좋은 나머지
마시다	마신 나머지	놀라다	놀란 나머지
읽다	읽은 나머지	아프다	아픈 나머지
걱정되다	걱정된 나머지	행복하다	행복한 나머지
이야기하다	이야기한 나머지	★힘들다	힘든 나머지
★듣다	들은 나머지	★시끄럽다	시끄러운 나머지

2. 1) 서두른 나머지　　2) 감동한 나머지
　　3) 집중한 나머지　　4) 배고픈 나머지

3. 1) 응원하느라 소리를 지른 나머지
　　2) 피곤한 나머지
　　3) 너무 반가운 나머지
　　4) 정신없는 나머지

말하기와 듣기 p. 39

1. 1) 돌아가셔서 장례식장에 갔다 오느라고 입었어요
　　2) 문자를 확인하더니
　　3) 며칠 전부터 몸이 안 좋다고 하더니
　　4) 너무 기쁜 나머지

2. 1) 직장 동료의 결혼식
　　2) ② − ④ − ③

읽기 p. 40

1. 1) X　　　　2) O

2. 1) ②　　　　2) ①

쓰기 p. 41

1) 아이가 출생한 지 1년이 된 날을 말한다
2) 아이의 1년 생일을 축하하고 장수를 기원하기
3) 오래 산다고 생각한다
4) 인기 있는 직업과 관련한 물건들을 '돌잡이'상에 올리기도 한다

5 문화유산

어휘 p. 42

1. 1) ①　　2) ③　　3) ②　　4) ④

2. 1) ①　　2) ②　　3) ②　　4) ①

3. 1) 보존해야　　　2) 지정했다
　　3) 전승하　　　　4) 탐방하

4. 1) 인정하　　　　2) 둘러보았다
　　3) 묻혔다　　　　4) 물려주
　　5) 알려진

문법 p. 44

얼마나 동형 −는지 모르다

1.

기본형	얼마나 −는지/ 은지/ㄴ지 몰라요	기본형	얼마나 −는지/ 은지/ㄴ지 몰라요
많이 먹다	얼마나 많이 먹는지 몰라요	작다	얼마나 작은지 몰라요
빨리 오다	얼마나 빨리 오는지 몰라요	열심히 듣다	얼마나 열심히 듣는지 몰라요
많다	얼마나 많은지 몰라요	바쁘다	얼마나 바쁜지 몰라요
넓다	얼마나 넓은지 몰라요	조심하다	얼마나 조심하는지 몰라요
자주 만나다	얼마나 자주 만나는지 몰라요	맛있다	얼마나 맛있는지 몰라요
신기하다	얼마나 신기한지 몰라요	좋다	얼마나 좋은지 몰라요
★미끄럽다	얼마나 미끄러운지 몰라요	★잘 만들다	얼마나 잘 만드는지 몰라요

2. 1) 부르는지 몰라요   2) 고마운지 몰라요
   3) 불편한지 몰라요   4) 좋았는지 몰라요

3. 1) 노력하는지 몰라요   2) 아름다운지 몰라요
   3) 연습했는지 몰라요   4) 사람인지 몰라요

동형 −든지

1.

기본형	−든지	기본형	−든지
먹다	먹든지	보다	보든지
작다	작든지	비싸다	비싸든지
부르다	부르든지	마시다	마시든지
요리하다	요리하든지	나쁘다	나쁘든지
많다	많든지	재미있다	재미있든지
듣다	듣든지	길다	길든지
눕다	눕든지	만들다	만들든지

2. 1) 깨끗하든지 더럽든지
   2) 쉽든지 어렵든지
   3) 노래를 부르든지 단 음식을 먹든지
   4) 책으로 공부하든지 유적지에 가든지

3. 1) 바다로 가든지 산으로 가든지
   2) 싸든지 비싸든지
   3) 직접 주든지 이메일로 보내든지
   4) 잘하든지 못하든지

말하기와 듣기 p. 47

1. 1) 이메일을 보내든지 문자로 보내든지
   2) 얼마나 많이 방문하는지 몰라요
   3) 조선 시대의 성곽이에요
   4) 여행 정보가 얼마나 많은지 몰라요

2. 1) 아름다운 일출을 볼 수 있다.
   2) ① O   ② X   ③ O

읽기 p. 48

1. 1) O   2) O

2. 1) ① X   ② O
   2) ①

쓰기 p. 49

1) '넓은 장소(판)'에서 하는 '노래(소리)'를 뜻한다
2) 고수라고 부른다
3) 공연에 함께 참여하는 느낌이 들어서
4) 한국의 옛날이야기를 바탕으로 만들어졌으며

---

6 국제화 시대

어휘 p. 50

1. 1) ②   2) ③   3) ①   4) ④

2. 1) 문화 교류를 추진하려고
   2) 세계 평화 유지에 힘쓰고
   3) 공동체 의식을 가져야
   4) 외교 관계를 맺은

3. 1) 차지했다   2) 분류할
   3) 진출하게   4) 체류하면서

4. 1) ①   2) ①   3) ②   4) ①

문법 p. 52

동형 -던

1.

기본형	-던	기본형	-던
먹다	먹던	쓰다	쓰던
가다	가던	많다	많던
듣다	듣던	크다	크던
놀다	놀던	찾다	찾던
작다	작던	친절하다	친절하던

2. 1) 살던   2) 이용하던
　　3) 근무하던   4) 다니던

3. 1) 사용하던   2) 남아 있던
　　3) 충전하던   4) 일하던

동형 -을 정도로

1.

기본형	-을 정도로/ㄹ 정도로	기본형	-을 정도로/ㄹ 정도로
먹다	먹을 정도로	쓰다	쓸 정도로
많다	많을 정도로	좋다	좋을 정도로
모르다	모를 정도로	바쁘다	바쁠 정도로
★듣다	들을 정도로	없다	없을 정도로
★만들다	만들 정도로	★맵다	매울 정도로

2. 1) 눈물이 날 정도로
　　2) 대사를 외울 정도로
　　3) 앉을 자리가 없을 정도로
　　4) 착각할 정도로

3. 1) 움직일 수 없을 정도로
　　2) 앞이 안 보일 정도로
　　3) 못 알아볼 정도로
　　4) 목이 쉴 정도로

말하기와 듣기 p. 55

1. 1) 다문화 사회가 되었어요
　　2) 외국어로 할 수 있을 정도로
　　3) 문화 교류를 추진하려는

　　4) 작은 회사들만 있던

2. 1) 해외 봉사 활동 경험을 했다.
　　2) ① O　　　② X　　　③ O

읽기 p. 56

1. 1) X　　　　2) O

2. 1) ①　　　　2) ②

쓰기 p. 57

1) 유능한 회사원이 되는 것이다
2) 한국의 제품을 고향에 팔면서 무역에 대한 다양한 경험을 쌓았다
3) 무역에 대한 전문 지식을 습득했다
4) 한국 회사 문화에 대한 적응도 어려웠고

7 현대인의 질병

어휘 p. 58

1. 1) ②　　　2) ③　　　3) ①　　　4) ④

2. 1) ②　　　2) ①　　　3) ①　　　4) ①

3. 1) 규칙적인 운동을 하면　　2) 소금의 섭취를 줄이는
　　3) 금연하는　　　　　　　4) 충분한 수면을 취할
　　5) 균형 잡힌 식사를 해야

4. 1) ①　　　2) ②　　　3) ①　　　4) ②

문법 p. 60

동 -되

1.

기본형	-되	기본형	-되
먹다	먹되	찾다	찾되
읽다	읽되	걷다	걷되
가다	가되	마시다	마시되
쓰다	쓰되	운동하다	운동하되
살다	살되	다녀오다	다녀오되

2. 1) 열심히 공부하되　2) 비누로 손을 씻되
　　3) 느린 음악을 듣되　4) 친하게 지내되

3. 1) 이메일로 제출하되　2) 자유롭게 정하되
　　3) 일기를 쓰되　4) 책을 읽되

동 −었더니

1.

기본형	−았더니/었더니	기본형	−았더니/었더니
받다	받았더니	놀다	놀았더니
가다	갔더니	먹다	먹었더니
읽다	읽었더니	마시다	마셨더니
무리하다	무리했더니	운동하다	운동했더니
★듣다	들었더니	★부르다	불렀더니

2. 1) 먹었더니　2) 못 했더니
　　3) 다녔더니　4) 빨았더니

3. 1) 주말 동안 푹 쉬었더니
　　2) 늦게 갔더니
　　3) 큰 소리로 노래를 불렀더니
　　4) 집 정리를 하면서 무리했더니

말하기와 듣기　p. 63

1. 1) 따끔거리고　2) 비염 때문에
　　3) 급하게 먹었더니　4) 식사를 하되

2. 1) 위염
　　2) ① X　　② O　　③ X

읽기　p. 64

1. 1) O　　2) O

2. 1) ③　　2) ③

쓰기　p. 65

1) 지나치게 섭취하거나
2) 운동이 부족한
3) 병을 일으키는 원인이 되기
4) 탄수화물의 섭취를 줄이고
5) 규칙적으로 운동하는

8　정보화 사회

어휘　p. 66

1. 1) ③　　2) ②　　3) ①　　4) ④

2. 1) ①　2) ②　3) ①　4) ①　5) ②

3. 1) 사생활 침해　　2) 악성 댓글
　　3) 개인 정보　　4) 인터넷 중독
　　5) 가짜 뉴스

4. 1) 단절된다　　2) 악용되는
　　3) 저하된다　　4) 무기력해지는

문법　p. 68

동형 −는다면서요?

1.

기본형	−는다면서요/ㄴ다면서요/다면서요?	기본형	−는다면서요/ㄴ다면서요/다면서요?
가다	간다면서요?	싸다	싸다면서요?
듣다	듣는다면서요?	맛있다	맛있다면서요?
준비하다	준비한다면서요?	빠르다	빠르다면서요?
배우다	배운다면서요?	아름답다	아름답다면서요?
취직하다	취직한다면서요?	멀다	멀다면서요?
★만들다	만든다면서요?	복잡하다	복잡하다면서요?

2. 1) 힘들다면서요　　2) 그만둔다면서요
　　3) 합격했다면서요　4) 요리사라면서요

3. 1) 좋다면서요　　2) 다녀왔다면서요
　　3) 배운다면서요　4) 저축한다면서

동 −을 겸 동 −을 겸

1.

기본형	−을 겸/ㄹ 겸	기본형	−을 겸/ㄹ 겸
사다	살 겸	만나다	만날 겸
바꾸다	바꿀 겸	알아보다	알아볼 겸
입다	입을 겸	사귀다	사귈 겸
시작하다	시작할 겸	쓰다	쓸 겸
★놀다	놀 겸	나누다	나눌 겸
★걷다	걸을 겸	여행하다	여행할 겸

2. 1) 한국 문화도 알릴 겸 취미 생활도 할 겸

2) 기분도 낼 겸 편하게 이동할 겸

3) 한국 음식도 배울 겸 사람들도 사귈 겸

4) 고향 친구들과 연락할 겸 정보도 얻을 겸

3. 1) 차비도 아낄 겸 운동도 할 겸

2) 사람들도 도와줄 겸 사는 이야기도 나눌 겸

3) 오래된 물건도 정리할 겸 필요한 물건도 싸게 살 겸

4) 한국어도 공부할 겸 아이들에게 책도 읽힐 겸

말하기와 듣기 p. 71

1. 1) 새로 생긴 식당이 괜찮다면서요

2) 친구들도 만날 겸 여행도 할 겸

3) 단톡방에 올리는 게 좋겠죠

4) 사진도 올리고 댓글도 달고 있어요

2. 1) 에스엔에스(SNS) 유명 블로거의 가짜 뉴스

2) ① X   ② O   ③ O

읽기 p. 72

1. 1) O   2) O

2. 1) ③   2) ②

쓰기 p. 73

1) 뉴스 검색을 하거나 영화를 시청한다

2) 정보를 쉽게 찾을 수 있고

3) 사람들과의 깊은 대화가 줄어든다

4) 스마트폰 이용 시간을 정해서 그 시간에만
   이용해야겠다

9 사건과 사고

어휘 p. 74

1. 1) ③   2) ①   3) ②   4) ④

2. 1) 넘어져서   2) 베여서

3) 떨어져서   4) 물에 빠지

3. 1) 용의자   2) 피해자   3) 부상자

4) 가해자   5) 사망자

4. 1) ①   2) ②   3) ①   4) ②

문법 p. 76

동 —을 뻔하다

1.

기본형	—을 뻔했어요 /ㄹ 뻔했어요	기본형	—을 뻔했어요 /ㄹ 뻔했어요
죽다	죽을 뻔했어요	찾다	찾을 뻔했어요
속다	속을 뻔했어요	먹다	먹을 뻔했어요
다치다	다칠 뻔했어요	쓰다	쓸 뻔했어요
모르다	모를 뻔했어요	운동하다	운동할 뻔했어요
★울다	울 뻔했어요	★듣다	들을 뻔했어요

2. 1) 쏟을 뻔했다   2) 놓칠 뻔했다

3) 부딪힐 뻔했다   4) 늦을 뻔했다

3. 1) 길을 잃을 뻔했어요   2) 쓰러질 뻔했어요

3) 주문할 뻔했어요   4) 비행기를 못 탈 뻔했어요

명 으로 인해

1.

기본형	으로 인해 /로 인해	기본형	으로 인해 /로 인해
고장	고장으로 인해	사용	사용으로 인해
지연	지연으로 인해	사건	사건으로 인해
사고	사고로 인해	공사	공사로 인해
안개	안개로 인해	증가	증가로 인해
출발	출발로 인해	산불	산불로 인해

2. 1) 홍수로 인해   2) 안개로 인해

3) 고장으로 인해   4) 인기로 인해

3. 1) 운동 부족으로 인해   2) 인터넷의 발달로 인해

3) 취업난으로 인해   4) 교통사고로 인해

말하기와 듣기 p. 79

1. 1) 베였어요

2) 깁스를 해야 돼요

3) 넘어질 뻔했어요

4) 엘리베이터 고장으로 인해

2. 1) 발목을 삐었다

2) ① X　　　　② O　　　　③ X

읽기 p.80

1. 1) O　　　　2) X

2. 1) ②　　　　2) ③

쓰기 p.81

1) 어느 집을 보고 있었다

2) 연기가 새어 나오고 있었다

3) 연기가 가득했고

4) 내 실수로 인해 큰불이 날 뻔했다

10　언어생활

어휘 p.82

1. 1) ②　　　2) ③　　　3) ④　　　4) ①

2. 1) 언어 예절　　　　2) 표준어

3) 호칭　　　　4) 비속어

3. 1) 재치가 있게　　　　2) 공감하는

3) 확실하게　　　　4) 파괴된다

5) 섞어 쓰

4. 1) ①　　　2) ①　　　3) ②　　　4) ①

문법 p.84

동-고 말다

1.

기본형	-고 말다	기본형	-고 말다
찾다	찾고 말다	먹다	먹고 말다
쓰다	쓰고 말다	듣다	듣고 말다
가다	가고 말다	주다	주고 말다
만들다	만들고 말다	마시다	마시고 말다
부르다	부르고 말다	공부하다	공부하고 말다

2. 1) 놓치고 말았다　　　2) 지고 말았다

3) 싸우고 말았다　　　4) 닫고 말았다

3. 1) 비밀번호를 잊어버리고 말았어요

2) 1점 차이로 떨어지고 말았어요

3) 헤어지고 말았어요

4) 첨부 파일을 빠뜨리고 말았어요

동형-는 척하다

1.

기본형	-는 척하다/ -은 척하다/ -ㄴ 척하다	기본형	-는 척하다/ -은 척하다/ -ㄴ 척하다
먹다	먹는 척하다	좋다	좋은 척하다
웃다	웃는 척하다	듣다	듣는 척하다
많다	많은 척하다	자다	자는 척하다
끄다	끄는 척하다	바쁘다	바쁜 척하다
모르다	모르는 척하다	다르다	다른 척하다
운동하다	운동하는 척하다	피곤하다	피곤한 척하다
재미있다	재미있는 척하다	★길다	긴 척하다
★만들다	만드는 척하다	★맵다	매운 척하다

2. 1) 없는 척했다　　　　2) 매운 척했다

3) 바쁜 척했다　　　　4) 괜찮은 척했다

3. 1) 일하는 척해요　　　2) 이해한 척했어요

3) 좋아하는 척해요　　　4) 모르는 척했어요

말하기와 듣기 p.87

1. 1) 동문서답하고 말았어요

2) 헷갈릴 때가 있어요

3) 알아들은 척했어요

4) 적절한 호칭을 쓰는 것

2. 1) 면접을 봤다.

2) ① X　　　　② O　　　　③ O

읽기 p.88

1. 1) O　　　　2) X

2. 1) ③　　　　2) ①

쓰기 p.89

1) 단어가 어렵다

2) 엉뚱한 말을 할

3) 단어를 찾아서 보여 주었다
4) 단어와 문장을 많이 외우고 책을 열심히 읽을 것이다

11 교육 제도

어휘 p. 90

1. 1) ③　　　　2) ④　　　　3) ②　　　　4) ①

2. 1) 입시 경쟁　　　　2) 학업 스트레스
　　3) 과외　　　　　　4) 교육열

3. 1) 재수　　　2) 학력　　　3) 검정고시
　　4) 특별 전형　5) 학제

4. 1) ①　　　　2) ②　　　　3) ①　　　　4) ①

문법 p. 92

명 조차

1.

기본형	조차	기본형	조차
이름	이름조차	친구	친구조차
읽기	읽기조차	서 있기	서 있기조차
자는 것	자는 것조차	도와주기	도와주기조차
쉼	쉼조차	바람	바람조차
기다리기	기다리기조차	먹는 것	먹는 것조차

2. 1) 씻기조차　　　　　　2) 월세조차
　　3) 숟가락을 드는 것조차　4) 상상조차
　　5) 기억조차

3. 1) 말하는 것조차　　　2) 걷기조차
　　3) 골목 입구조차　　　4) 밥 먹을 시간조차

동 형 -기 마련이다

1.

기본형	-기 마련이다	기본형	-기 마련이다
보다	보기 마련이다	늦다	늦기 마련이다
이기다	이기기 마련이다	힘들다	힘들기 마련이다
살다	살기 마련이다	크다	크기 마련이다
성공하다	성공하기 마련이다	나빠지다	나빠지기 마련이다
잡히다	잡히기 마련이다	외롭다	외롭기 마련이다
낫다	낫기 마련이다	익숙해지다	익숙해지기 마련이다
끝나다	끝나기 마련이다	많다	많기 마련이다

2. 1) 성공하기 마련이다　　2) 멀어지기 마련이다
　　3) 정이 들기 마련이다　　4) 후회하기 마련이다

3. 1) 계절에 따라 입맛도 변하기 마련이에요
　　2) 사람은 사랑을 하면 아름다워지기 마련이에요
　　3) 나이가 들면 철이 들기 마련이에요
　　4) 진실은 밝혀지기 마련이에요

말하기와 듣기 p. 95

1. 1) 아이들의 개성을 중시하는
　　2) 혼자 외출조차 못했어요
　　3) 기회가 오기 마련이에요
　　4) 입시 경쟁도 치열하고 교육열도 높은 것 같아요

2. 1) 초등학생들의 스트레스와 교육열
　　2) ① O　　　② O　　　③ X

읽기 p. 96

1. 1) O　　　2) O

2. 1) ③　　　2) ②

쓰기 p. 97

1) 국가의 일반적인 교육 과정을 수행한 학생들을 대상으로 실시한다
2) 국가 유공자, 다문화 가정 자녀 등이 지원할 수 있다
3) 정시 모집과 수시 모집이 있다
4) 학교 생활 기록부, 면접, 실기 시험 등으로 신입생을 선발한다

12 선거와 투표

어휘 p. 98

1. 1) ②　　　2) ③　　　3) ①　　　4) ④

2. 1) 개표한다/개표했다/개표할 것이다
   2) 공약을 한다/공약을 했다/공약을 할 것이다
   3) 당선됐다
   4) 지지했다/지지한다/지지할 것이다

3. 1) ①　　2) ②　　3) ①　　4) ①　　5) ②

4. 1) 판단력　　　　　2) 도덕성
   3) 추진력　　　　　4) 전문성

문법 p. 100

동 –나 보다, 형 –은가 보다

1.

기본형	–나 보다	기본형	–은가 보다/ㄴ가 보다
먹다	먹나 보다	작다	작은가 보다
가다	가나 보다	높다	높은가 보다
일하다	일하나 보다	바쁘다	바쁜가 보다
듣다	듣나 보다	싸다	싼가 보다
있다	있나 보다	성실하다	성실한가 보다
사귀다	사귀나 보다	★길다	긴가 보다
★만들다	만드나 보다	★가깝다	가까운가 보다

2. 1) 수리하나 봐요　　　2) 만드나 봐요
   3) 망쳤나 봐요　　　　4) 싸웠나 봐요

3. 1) 맛있나 봐요　　　　2) 아픈가 봐요
   3) 사고가 났나 봐요　　4) 재미있나 봐요

명 이야말로

1.

기본형	이야말로/야말로	기본형	이야말로/야말로
공약	공약이야말로	사랑	사랑이야말로
한글	한글이야말로	투표	투표야말로
친구	친구야말로	지금	지금이야말로
후보자	후보자야말로	컴퓨터	컴퓨터야말로
아리랑	아리랑이야말로	제주도	제주도야말로

2. 1) 부모님이야말로　　　2) 컴퓨터야말로
   3) 자신감이야말로　　　4) 여행이야말로

3. 1) 근무 조건이야말로 회사를 선택할 때 가장 중요해요
   2) 교통이야말로 집을 구할 때 가장 중요하게
      생각하는 것이에요
   3) 고등학교 졸업식이야말로 인생에서 가장 기억에
      남는 날이에요
   4) 공약이야말로 대통령을 뽑을 때 가장 중요한
      것이라고 생각해요

말하기와 듣기 p. 103

1. 1) 많은가 봐요
   2) 공약이야말로
   3) 사고가 났나 봐요
   4) 행정 경험이, 소통이 잘되는 사람이

2. 1) 선거 운동
   2) ① O　　　② X　　　③ O

읽기 p. 104

1. 1) X　　　2) X

2. 1) ① X　　② X
   2) ③

쓰기 p. 105

1) 리더는 직장의 미래를 결정하고 모든 구성원들에게
   영향을 미치기 때문이다
2) 직장 구성원들과 함께 만들어 가는 리더십을 선호한다
3) 목표에 대한 방향을 정해 줄 수 있는 리더십을 원한다

13 환경 보호

어휘 p. 106

1. 1) ①   2) ③   3) ④   4) ②

2. 1) 쓰레기 종량제를 실시하
    2) 친환경 세제를 사용하
    3) 토양 오염이 발생해요
    4) 배기가스를 줄이

3. 1) 폭설   2) 지구 온난화
    3) 이상 기후   4) 가뭄

4. 1) ①   2) ②   3) ①   4) ②

문법 p. 108

동–는 한

1.

기본형	–는 한	기본형	–는 한
먹다	먹는 한	쓰다	쓰는 한
가다	가는 한	없다	없는 한
듣다	듣는 한	찾다	찾는 한
말하다	말하는 한	지키다	지키는 한
★살다	사는 한	모르다	모르는 한

2. 1) 좋아하는 일을 하는 한
    2) 친구들이 옆에 있는 한
    3) 사고 싶은 물건을 사는 한
    4) 믿고 응원하는 한

3. 1) 비자 연장에 문제가 없는 한
    2) 열심히 노력하는 한
    3) 사과하지 않는 한
    4) 계속 관심을 가지는 한

동–도록

1.

기본형	–도록	기본형	–도록
먹다	먹도록	쓰다	쓰도록
웃다	웃도록	가다	가도록
듣다	듣도록	하다	하도록
씻다	씻도록	줄이다	줄이도록
만들다	만들도록	지나가다	지나가도록

2. 1) 음식을 잘 먹도록
    2) 유리병을 열지 않도록
    3) 잘 적응하도록
    4) 쉽게 이해하도록

3. 1) 살이 찌지 않도록
    2) 감기가 빨리 낫도록
    3) 재활용할 수 있도록
    4) 자연스럽게 이야기할 수 있도록

말하기와 듣기 p. 111

1. 1) 대체 에너지를 개발하려고
    2) 대기 오염이 지속되는 한
    3) 일회용품 사용을 줄이도록
    4) 쓰레기 종량제를 실시하면서

2. 1) 공기 청정기
    2) ① X   ② X   ③ O

읽기 p. 112

1. 1) X   2) O

2. 1) ②   2) ③

쓰기 p. 113

1) 같이 살아가고 있는 생명체가 위협을 받게 될 것이다
2) 대기 오염, 수질 오염, 토양 오염 등이 있다
3) 수질 오염은 생활 하수나 공장 폐수 때문에 생긴다
4) 자전거나 대중교통을 이용하는 것이다
5) 일회용품이나 플라스틱 사용도 줄이는 것이 필요하다

14 생활과 경제

어휘 p. 114

1. 1) ②   2) ④   3) ③   4) ①

2. 1) 물가가 상승했다   2) 실업률이 감소할
3) 수요가 증가하   4) 경기가 호황임

3. 1) 전망했다   2) 차지했다
3) 안정되었다   4) 확대할

4. 1) ①   2) ①   3) ②   4) ②

문법 p. 116

동 형 -으므로

1.

기본형	-으므로/므로	기본형	-으므로/므로
먹다	먹으므로	쓰다	쓰므로
가다	가므로	읽다	읽으므로
아프다	아프므로	높다	높으므로
내리다	내리므로	말하다	말하므로
예쁘다	예쁘므로	오르다	오르므로
만들다	만들므로	깨끗하다	깨끗하므로
★듣다	들으므로	★돕다	도우므로

2. 1) 길이 막혀 있으므로   2) 가능성이 높으므로
3) 좋아졌으므로   4) 공공장소이므로

3. 1) 위험하지 않으므로
2) 홈페이지에서 볼 수 있으므로
3) 피해를 줄 수도 있으므로
4) 가격이 인상되므로

명 은/는커녕

1.

기본형	은커녕/는커녕	기본형	은커녕/는커녕
빵	빵은커녕	칭찬	칭찬은커녕
고기	고기는커녕	선물	선물은커녕
점심	점심은커녕	저금	저금은커녕
투자	투자는커녕	일자리	일자리는커녕
퇴근	퇴근은커녕	보너스	보너스는커녕

2. 1) 취미 생활은커녕   2) 커피는커녕
3) 밥은커녕   4) 운동은커녕

3. 1) 보너스는커녕   2) 맛있는 음식은커녕
3) 비는커녕   4) 외출은커녕

말하기와 듣기 p. 119

1. 1) 개인 소비가 계속 줄어들고
2) 저축은커녕
3) 환율이 너무 올라서
4) 원재료 가격이 인상되고 있으므로

2. 1) 야채나 과일 가격이 오르면서 식비가 많이 들기
때문에
2) ① X   ② O   ③ X

읽기 p. 120

1. 1) O   2) O

2. 1) ③   2) ②

쓰기 p. 121

1) 채소나 야채 같은 신선식품이나 자동차에 넣는 기름
같은 수입품은
2) 홍수나 가뭄 같은 계절적 요인과 관련이 있다
3) 정치, 경제적 상황에 따른 환율 변화는
4) 대표적인 예로 쌀이 있다

15 법과 질서

어휘 p. 122

1. 1) ④　　2) ①　　3) ③　　4) ②

2. 1) 처벌　　2) 범죄　　3) 질서　　4) 범칙금

3. 1) ①　　2) ②　　3) ①　　4) ②　　5) ②

4. 1) 경범죄　　　　2) 검거율
　　3) 무단 침입　　4) 음주 소란

문법 p. 124

동–다시피

1.

기본형	–다시피	기본형	–다시피
먹다	먹다시피	보다	보다시피
가다	가다시피	말하다	말하다시피
쓰여 있다	쓰여 있다시피	살다	살다시피
느끼다	느끼다시피	듣다	듣다시피
짐작하다	짐작하다시피	알다	알다시피

2. 1) 알다시피　　　　2) 들었다시피
　　3) 짐작하다시피　　4) 소개했다시피

3. 1) 쓰여 있다시피　　2) 알려 드렸다시피
　　3) 말씀드렸다시피　　4) 보다시피

동–는 법이다

1.

기본형	–는 법이다	기본형	–는 법이다
찾다	찾는 법이다	생기다	생기는 법이다
있다	있는 법이다	듣다	듣는 법이다
변하다	변하는 법이다	받다	받는 법이다
실수하다	실수하는 법이다	좋아지다	좋아지는 법이다
★늘다	느는 법이다	★알다	아는 법이다

2. 1) 오해가 생기는 법이다
　　2) 실력이 느는 법이다

3) 실수하는 법이다
4) 처벌을 받는 법이다

3. 1) 좋은 결과를 얻는 법이에요
　　2) 성공하는 법이에요
　　3) 세 살 적 버릇이 여든까지 가는 법이에요
　　4) 장점도 있고 단점도 있는 법이에요

말하기와 듣기 p. 127

1. 1) 쓰여 있다시피
　　2) 꼬리가 길면 밟히는 법이에요
　　3) 교통 법규를 위반했으면
　　4) 질서를 잘 지켜야 해요

2. 1) 안전벨트를 매지 않고 운전했다.
　　2) ① O　　　② O　　　③ X

읽기 p. 128

1. 1) O　　　2) O

2. 1) ① O　　② X
　　2) ③

쓰기 p. 129

1) 문제들을 해결하고 서로 잘 어울려 살아가기 위해
2) 다른 사람들에게 피해나 불편을 준다는 점이다
3) 모든 사람들이 편안하게 살 수 있는 사회를 만들기
　 위해

16 이민 생활

어휘 p. 130

1. 1) ④　　2) ①　　3) ②　　4) ③

2. 1) 극복할　　　　2) 도움을 청했다
　　3) 포기하　　　　4) 법에 호소할

3. 1) 꿈꾸　　　　　2) 결심했다
　　3) 취득하　　　　4) 운영해서
　　5) 도전해야 한다

4. 1) ②　　　2) ②　　　3) ①　　　4) ①

문법 p. 132

동형 -을지도 모르다

1.

기본형	-을지도 모르다 /ㄹ지도 모르다	기본형	-을지도 모르다 /ㄹ지도 모르다
겪다	겪을지도 모르다	오다	올지도 모르다
먹다	먹을지도 모르다	많다	많을지도 모르다
바쁘다	바쁠지도 모르다	걸리다	걸릴지도 모르다
필요하다	필요할지도 모르다	없다	없을지도 모르다
★짓다	지을지도 모르다	다르다	다를지도 모르다
★맵다	매울지도 모르다	★알다	알지도 모르다
★힘들다	힘들지도 모르다	★듣다	들을지도 모르다

2. 1) 사라질지도 모른다

2) 막힐지도 모른다

3) 노래하고 있을지도 모른다

4) 다 팔렸을지도 모른다

3. 1) 날씨가 쌀쌀해질지도 몰라요

2) 여행을 가는 사람이 많을지도 몰라요

3) 음식이 다 떨어질지도 몰라요

4) 제목을 찾을 수 있을지도 몰라요

명 치고

1.

기본형	치고	기본형	치고
외국인	외국인치고	집	집치고
면접	면접치고	아이	아이치고
중고	중고치고	가수	가수치고
명품	명품치고	날씨	날씨치고
번역기	번역기치고	신입 사원	신입 사원치고

2. 1) 농구 선수치고　　2) 처음 만든 것치고

3) 요즘 아이치고　　4) 겨울치고

3. 1) 중고책치고

2) 신입 사원치고

3) 나쁜 일을 하는 사람치고

4) 유명한 관광지에 있는 호텔치고

말하기와 듣기 p. 135

1. 1) 어떻게 해야 할지 몰라서

2) 그때그때 물어보는

3) 생각보다 시간이 걸릴지도 몰라요

4) 외국에서 생활하는 사람치고

2. 1) 한국어 4단계 수료 소감 발표

2) ① X　　　② X　　　③ O

읽기 p. 136

1. 1) O　　　2) X

2. 1) ①　　　2) ③

쓰기 p. 137

1) 취미로 그린 그림치고 잘 그렸다며

2) 취직해야 한다

3) 자기 계발에 힘쓰고 있다

4) 실력을 쌓고 있다

말하기와 듣기 지문

1 한국 생활 적응

이 링(여): 라흐만 씨, 같은 반에서 다시 만나니까 정말
반갑네요.

라흐만(남): 반가워요, 이링 씨. 그동안 잘 지내셨어요?

이 링(여): 직장을 옮겨서 새 직장에 적응하느라고
정신이 없었어요.

라흐만(남): 아, 2단계 수업 들을 때 곧 다른 일을 할
거라고 하시더니 직장을 옮기셨군요.

이 링(여): 네, 맞아요. 기억하고 있었네요. 직장을
옮기니까 하나하나 다 새로 배워야 돼서
힘들더라고요.

라흐만(남): 지금은 좀 괜찮아지셨어요?

이 링(여): 직장 동료들도 편견 없이 잘 도와주고 시간이
갈수록 일도 익숙해져서 이제 어느 정도
안정된 것 같아요.

라흐만(남): 정말 다행이네요. 이링 씨는 워낙 성격이
좋으셔서 새 직장에 잘 적응하실 줄 알았어요.

2 가족의 변화

제이슨(남): 고천 씨, 오랜만이에요. 요즘 어떻게 지냈어요?

고 천(여): 저는 요즘 부모님을 모시고 살 준비를 하느라
많이 바빴어요.

제이슨(남): 그랬군요. 그런데 갑자기 왜 부모님을 모시고
살게 되었어요?

고 천(여): 더 늦기 전에 부모님과 많은 시간을 보내고
싶기도 하고 외동아들인 성민이에게 가족
간의 유대감을 느끼게 해 주고 싶어서요.

제이슨(남): 고천 씨 가족에게 소중한 시간이 되겠네요.
하지만 부모님과 함께 생활하게 되면 신경
써야 할 부분도 많을 것 같아요.

고 천(여): 맞아요. 그동안은 제 개인 생활이 있었지만
이제는 조금 줄어들 것 같아요. 집안의 중요한
일도 부모님의 의견에 따를 수밖에 없고요.

제이슨(남): 그렇죠. 하지만 또 가족이 함께 모여서 살면
서로에게 힘이 되니까 전보다 훨씬 좋을 것
같아요.

고 천(여): 네, 그럴 것 같아요.

3 생활 속의 과학

제이슨(남): 목이 마른데 물을 좀 살까요?

안젤라(여): 여기 편의점이 있네요. 그런데 직원이 없나
봐요?

제이슨(남): 아, 여긴 직원 없이 손님이 직접 계산하는
무인 편의점이에요.

안젤라(여): 직원이 없어서 영업을 안 하는 줄 알았어요.

제이슨(남): 저도 처음 왔을 때는 그렇게 생각했어요. 여기
편의점은 줄을 서지 않고 빠르게 계산할 수
있어서 편리하더라고요.

안젤라(여): 그렇군요. 물건은 어떻게 계산해요?

제이슨(남): 물건에 표시된 바코드를 계산대에 있는
기기에 찍으세요. 그리고 결제하면 돼요.

안젤라(여): 정말 빠르고 편리하네요.

4 한국의 의례

안 젤 라(여): 이번 주말에 직장 동료가 결혼해서
결혼식장에 가는데요. 한국에서는
결혼식에 가 본 적이 없는데 어떻게 해야
해요?

한국 친구(남): 그래요? 일단 정장을 입고 가는 게
예의예요. 그리고 축의금도 준비하세요.

안 젤 라(여): 어, 그런데 축의금이 뭐예요?

한국 친구(남): 결혼을 축하하는 의미로 신랑이나
신부에게 주는 돈이에요. 보통 흰 봉투에
넣어서 준비해요.

안 젤 라(여): 그렇군요. 그럼 결혼식장에 가서는 뭘 해야
해요?

한국 친구(남): 결혼식장에 조금 일찍 가셔서 신랑이나
신부에게 축하 인사를 하세요. 그리고
방명록에 이름을 적고 축의금을 내요. 그런
다음 결혼식장 안으로 들어가서 결혼식을
즐기면 돼요. 결혼식이 끝날 때쯤에 같이
단체 사진도 찍고요.

안 젤 라(여): 결혼식이 끝나면 피로연도 있어요?

한국 친구(남): 그럼요. 결혼식이 끝나고 신랑과 신부가
준비한 식사를 하면서 피로연을 해요.

5 문화유산

알랭(남): 애나 씨, 요즘도 여행 많이 다니지요? 저도 여행을 가고 싶은데 좋은 곳 좀 소개해 주세요.

애나(여): 어떤 곳을 좋아해요? 생각하는 곳이 있으면 말해 보세요.

알랭(남): 음, 여행도 하고 경치도 구경할 수 있는 곳이 있어요?

애나(여): 제주도는 어때요? 아름다운 바다를 보며 산책도 할 수 있고 등산도 할 수 있어요.

알랭(남): 와, 바다를 보며 산책을 하면 정말 아름다울 것 같아요.

애나(여): 그리고 근처에 있는 성산 일출봉도 가 보세요. 성산 일출봉은 바다 위의 큰 화산섬인데 아름다운 일출을 볼 수 있어요. 바다에서 떠오르는 해를 보면 얼마나 아름다운지 몰라요.

알랭(남): 그래요? 정말 가 보고 싶네요. 언제 가면 좋아요?

애나(여): 봄에 가든지 가을에 가든지 날씨가 좋을 때 가세요.

6 국제화 시대

잠시드(남): 어? 무슨 사진이에요?

안젤라(여): 대학교 때 해외 봉사 활동을 했던 사진이에요.

잠시드(남): 어땠어요? 해외에서의 봉사 활동은 힘들었을 것 같아요.

안젤라(여): 물론 쉽지 않았어요. 처음에는 언어뿐만 아니라 문화도 달라서 힘들었지만 시간이 지나면서 적응할 수 있어서 괜찮았어요.

잠시드(남): 그랬군요. 해외 봉사 활동을 하면서 새롭게 느낀 점도 많았을 것 같아요.

안젤라(여): 네, 무엇보다 제가 다양한 나라의 문화에 대해 관심을 가지고 우리는 하나라는 공동체 의식을 가지게 된 것 같아요.

잠시드(남): 대단해요. 안젤라 씨에게 그때의 경험은 정말 잊지 못할 것 같아요.

안젤라(여): 맞아요. 그때의 경험이 제가 외국에서 생활하는 데 많은 도움이 되고 있어요.

7 현대인의 질병

아나이스(여): 밥을 왜 그렇게 많이 남기세요?

라   민(남): 속이 안 좋아서 더 이상 못 먹겠어요.

아나이스(여): 지난주에도 위가 안 좋다고 그러더니 아직도 안 나으셨어요?

라   민(남): 네. 요즘 발표 준비 때문에 무리했더니 잘 안 낫네요.

아나이스(여): 위염인 것 같은데 병원에는 가 보셨어요?

라   민(남): 아니요. 아직 못 갔어요. 아무래도 내일 병원에 가 봐야 할 것 같아요.

아나이스(여): 네, 그렇게 하세요. 그런데 아무리 속이 안 좋아도 밥을 굶으면 안 돼요. 당분간은 밥을 먹되 자극적이지 않은 음식으로 드시는 게 좋겠어요.

8 정보화 사회

라   민(남): 아나이스 씨, 인터넷에서 유명한 블로거가 쓴 연예인 소식이 다 가짜 뉴스였다면서요?

아나이스(여): 네. 저도 그 기사 봤어요. 이제는 유명한 에스엔에스(SNS) 스타들이 쓴 글도 믿을 수 없겠네요.

라   민(남): 저는 인터넷 블로그에서 다양한 정보도 얻고, 취미가 비슷한 사람들도 만날 수 있어서 좋았는데…….

아나이스(여): 그러니까 에스엔에스(SNS) 정보는 무조건 믿지 말고 맞는지 틀리는지 잘 따져 봐야 해요.

라   민(남): 에스엔에스(SNS) 덕분에 사람들 사이가 가까워지고 소통이 더 잘된다고 생각했는데 이렇게 악용되는 걸 보니까 너무 안타까워요.

아나이스(여): 맞아요. 에스엔에스(SNS)가 발달할수록 좋은 점도 있지만 부작용도 있으니까 이용하는 사람들이 조심할 수밖에 없는 것 같아요.

9 사건과 사고

안젤라(여): 잠시드 씨, 괜찮아요? 목발을 짚고 왔네요.

잠시드(남): 발목을 좀 삐어서 2주 동안 이렇게 다녀야
한대요.

안젤라(여): 그런데 어쩌다가 이렇게 된 거예요?

잠시드(남): 사다리 위에서 작업하다가 떨어졌어요.

안젤라(여): 그랬군요. 정말 큰일 날 뻔했네요. 다른 데는
괜찮아요?

잠시드(남): 네. 그렇게 높은 곳에서 떨어진 건 아니라서
다른 데는 안 다쳤어요.

안젤라(여): 정말 다행이에요. 이렇게 아픈데도 한국어
수업을 들으러 오다니 정말 대단해요. 빨리
낫길 바랄게요.

잠시드(남): 네, 고마워요.

10 언어생활

잠시드(남): 안젤라 씨, 지난 토요일에 면접을 봤다고
들었는데 잘 끝났어요?

안젤라(여): 아니요. 모르겠어요. 열심히 준비하기는
했는데 하나 실수한 것 같아요.

잠시드(남): 왜요? 무슨 일 있었어요?

안젤라(여): 면접 볼 때 갑자기 고양이에 대해 물으셔서
저는 고양이는 안 키우고 개를 키운다고
말씀드렸거든요. 그랬더니 다들 웃으시는
거예요.

잠시드(남): 왜 갑자기 고양이를 물으셨어요?

안젤라(여): 나중에 알고 보니 고양이가 아니라 제 고향에
대해서 말씀하신 거였어요.

잠시드(남): 아, 어쩐지. '고양이'하고 '고향'을 헷갈리셨군요.
너무 긴장하면 실수할 때가 있어요. 그러니까
크게 신경 쓰지 마세요.

11 교육 제도

제이슨(남): 어제 뉴스를 보니까 초등학생들이 사교육을
받느라고 스트레스가 심하대요. 우울증에
걸리거나 두통과 소화 장애를 갖기도 하고요.

애 나(여): 스트레스가 심하면 건강도 나빠지기
마련이지요. 갈수록 점점 대학 입시 경쟁이
치열해지니까 초등학생들까지 힘든 것
같아요.

제이슨(남): 학교 수업이 끝나면 학원에도 다녀야
하잖아요. 영어, 수학뿐만 아니라 음악, 미술,
운동 학원까지 다녀야 하니까 너무 안됐어요.

애 나(여): 부모들은 자녀를 좋은 대학에 보내려니까
어릴 때부터 사교육을 많이 시킬 수밖에 없는
것 같아요.

제이슨(남): 그래도 자녀에 대한 교육열이 너무 지나친 거
아니에요?

애 나(여): 학력을 중시하는 사회에서 부모가 자녀의
미래를 위해서 사교육을 시키는 것도 이해돼요.

제이슨(남): 교육 문제는 해결하기 어렵겠지만 대학 입시
제도는 꼭 개선되어야 해요.

12 선거와 투표

후엔(여): 저 사람들은 뭐 하는 거예요?

민수(남): 다음 달에 선거가 있어서 선거 운동을 하나 봐요.

후엔(여): 와, 박수 소리가 큰데요.

민수(남): 그러네요. 지금 연설을 마친 후보자가 지지율이
높은가 봐요. 이번에 당신도 처음 투표하죠?

후엔(여): 네. 하지만 후보자가 많아서 어떤 사람을
뽑아야 할지 모르겠어요.

민수(남): 그럼, 후보자의 경력을 읽어 보세요. 경력이야말로
우리 지역에 도움이 되는 후보자를 찾는 좋은
자료예요.

후엔(여): 아, 그래요? 그럼 저는 아이 교육에 관심이
많으니까 교육에 대한 경력이 풍부한 후보자를
찾아봐야겠어요.

민수(남): 그래요. 선거 공보물을 꼼꼼히 확인해서 우리
함께 투표하러 가요.

13 환경 보호

라 민(남): 아나이스 씨, 어디에 다녀와요?

아나이스(여): 기숙사에 공기 청정기가 필요해서 백화점에

갔다 오는 길이에요.

라　민(남): 공기 청정기는 왜 필요해요?

아나이스(여): 요즘 대기 오염이 심해서 그런지 기숙사에서도 계속 기침을 하고 콧물이 멈추지 않아서 힘들더라고요.

라　민(남): 그랬군요. 그렇지 않아도 요즘 거리에 마스크를 쓴 사람들이 많아진 것 같아요.

아나이스(여): 맞아요. 저 같은 증상을 가진 사람들도 많고요.

라　민(남): 환경 오염 문제가 해결되지 않는 한 건강과 관련한 문제는 계속 생길 텐데 걱정이에요.

아나이스(여): 네, 그럴 것 같아요. 지금부터라도 환경 보호에 노력해야겠어요.

14　생활과 경제

라　민(남): 아나이스 씨, 요즘 야채와 과일 가격이 많이 올랐다면서요?

아나이스(여): 네. 장마철이 되면 야채나 과일 가격이 항상 오르는 것 같아요.

라　민(남): 아, 그래요? 저는 항상 고기를 많이 먹는 편이라 야채나 과일 가격은 잘 몰라요.

아나이스(여): 고기는 계절에 따라 가격 변화가 크지 않아요?

라　민(남): 네, 고기의 가격은 계절의 영향을 받지 않는 것 같아요.

아나이스(여): 그렇군요. 저는 야채나 과일 가격이 오르면서 식비가 많이 들더라고요. 그래서 요즘은 학생 식당에서 사 먹고 있어요.

라　민(남): 괜찮은 것 같아요. 학생 식당에서 사 먹으면 혼자 음식 재료를 사서 만들어 먹는 것보다 더 저렴하고 음식도 다양하게 먹을 수 있는 것 같아요.

아나이스(여): 맞아요. 요리 과정을 생각하면 학생 식당에서 사 먹는 게 집에서 만들어 먹는 것보다 쌀 수도 있어요. 하지만 빨리 물가가 안정돼서 식비 걱정을 하지 않았으면 좋겠어요.

15　법과 질서

아나이스(여): 무슨 일이지요? 제가 무슨 잘못을 했나요?

경　찰(남): 네, 안전벨트를 매지 않고 운전을 하셨습니다. 교통 법규를 위반하셨습니다.

아나이스(여): 아, 죄송해요. 안전벨트를 맨다는 걸 깜박했네요. 급하게 병원에 가는 길이라서요.

경　찰(남): 운전자 분께서도 아시다시피 급한 일이 있어도 안전을 위해서 안전벨트를 꼭 매야 합니다. 교통 법규를 위반하셔서서 벌금을 내셔야 합니다.

아나이스(여): 친구가 크게 다쳤다는 연락을 받아서 마음이 급했나 봐요.

경　찰(남): 안전벨트를 매지 않으면 사고가 났을 때 크게 다치는 법이니까 항상 안전벨트를 매고 운전하시기 바랍니다. 그럼 안전 운전하십시오.

16　이민 생활

이링(여): 안녕하십니까? 오늘 한국어 4단계 수료 소감을 발표하게 된 이링이라고 합니다. 사회통합프로그램 수업을 들은 지가 엊그제 같은데 벌써 수료할 때가 되었네요. 이 자리에 서고 보니 제가 한국에 온 지 얼마 안 되었을 때가 떠오릅니다. 처음 한국에 왔을 때 한국 문화를 잘 몰라서 실수하는 일이 많았는데 제가 먼저 한국 사람에게 다가가서 한국 문화를 이해하려고 노력했더니 점점 괜찮아졌습니다. 그리고 일자리를 구하지 못해 경제적인 어려움을 겪을 때도 있었는데 주변 사람들에게 고민을 솔직하게 털어놓았더니 사람들이 일자리를 알아봐 주었습니다. 외국에서 사는 사람치고 힘든 일을 겪지 않는 사람은 없을 것입니다. 그리고 앞으로 한국에서 생활하다 보면 지금까지 겪었던 것보다 더 힘든 일이 생길지도 모릅니다. 그때마다 저를 응원해 주신 분들을 떠올리며 어려움을 극복해 나갈 것입니다. 지금까지 제 이야기를 들어 주셔서 감사합니다.

기획 · 연구

　박정아　국립국어원 학예연구관　　　　　　　이슬비　국립국어원 학예연구사
　정혜선　국립국어원 학예연구사　　　　　　　박지수　국립국어원 연구원

집필진
　책임 집필
　　이미혜　이화여자대학교 교육대학원 교수

　공동 집필
　　이영숙　한양대학교 국제교육원 교수　　　　　조항록　상명대학교 한국학과 교수
　　안경화　서울대학교 언어교육원 대우교수　　　배재원　이화여자대학교 언어교육원 특임교수
　　김현정　서강대학교 국제한국학선도센터 책임연구원　정미지　아주대학교 다산학부대학 특임교수
　　이윤진　안양대학교 교육대학원 교수　　　　　오지혜　세명대학교 미디어문화학부 교수
　　유해준　상지대학교 한국어문학과 교수　　　　박수연　조선대학교 언어교육원 교육부장
　　강유선　숙명여자대학교 아시아여성연구원 연구원　이미선　서정대학교 사회통합프로그램 강사
　　이명순　대전대학교 사회통합프로그램 강사

연구 보조원
　　김민정　이화여자대학교 국제대학원 강사　　　오민수　건국대학교 언어교육원 강사
　　위햇님　서울대학교 언어교육원 강사　　　　　이승민　(재)한국이민재단 강사
　　남미정　상명대학교 국제언어문화교육원 강사　　곽은선　고려대학교 한국어센터 강사
　　권수진　한양대학교 국제교육원 강사　　　　　강수진　상명대학교 국제언어문화교육원 강사
　　진보영　안산시외국인주민지원본부 사회통합프로그램 강사

법무부 사회통합프로그램(KIIP)
한국어와 한국문화 중급 2 (익힘책)

1판 1쇄 발행　2020년 12월 10일
1판 6쇄 발행　2024년 9월 13일

기획 · 연구　　국립국어원
관계 기관 협조　법무부 출입국 · 외국인정책본부 이민통합과
지은이　　　　이미혜 외

펴낸이　　　　박영호
기획팀　　　　송인성, 김선명
편집팀　　　　박우진, 김영주, 김정아, 최미라, 전혜련, 박미나
관리팀　　　　임선희, 정철호, 김성언, 권주련
펴낸곳　　　　(주)도서출판 하우

주소　　　　　서울시 중랑구 망우로68길 48
전화　　　　　(02)922-7090
팩스　　　　　(02)922-7092
홈페이지　　　http://www.hawoo.co.kr
e-mail　　　　hawoo@hawoo.co.kr
등록번호　　　제2016-000017호

값 10,000원
ISBN 979-11-90154-89-5 14710
ISBN 979-11-90154-80-2 14710 (set)